Raus aus der Kaufsucht!

Wie Sie mit einfachen Methoden Ihre Kauf- und Konsumsucht endlich besiegen - inkl. 3-Wochen-Action-Plan

Luise van Horn

INHALT

Das erwartet Sie in diesem Buch

Jeder Mensch kennt das manchmal unstillbare Verlangen danach, einen bestimmten Kauf unbedingt tätigen zu wollen, obwohl dieser eigentlich nicht notwendig oder sogar nützlich ist. Daran ist im Grunde genommen auch überhaupt nichts auszusetzen, doch wenn dieser Zustand zur Gewohnheit wird, kann es gefährlich werden. In meinem Buch kläre ich Sie darüber auf, was eine Kauf- bzw. Konsumsucht ausmacht und worin der Unterschied zu einem normalen Konsum von Lebensgütern besteht. Zudem erläutere ich Ihnen, aus welchen vielfältigen Gründen man an einer Kaufsucht erkranken kann. Es werden Zustände und Erlebnisse in unserer Vergangenheit und Gegenwart aufgeschlüsselt, welche dafür verantwortlich sein können, dass man gefährdeter als andere Menschen ist, an einer Konsumsucht zu erkranken.

Vielfältige Merkmale und Anzeichen einer bestehenden Kaufsucht werden aufgeführt und erklärt. Der erste Schritt, um der Kaufsucht den Kampf anzusagen, besteht darin, die Anzeichen an sich selbst oder einer anderen Person zu erkennen und gegen diese im Anschluss vorzugehen. Gemeinsam können wir somit Ihrer Kaufsucht den Kampf ansagen. Ich stelle Ihnen verschiedene Ansätze vor, damit Sie sich die passende Lösung für Ihr Problem heraussuchen können. Auch die Kombination mehrerer Ansätze wird in diesem Buch unter die Lupe genommen.

Mit meinem eigens entwickelten 3-Wochen-Plan nehme ich Sie an die Hand und führe Sie Schritt für Schritt zu dem Ziel, Ihrer Kaufsucht den Kampf anzusagen. Nach dem Abschluss dieses Plans, haben Sie das Handwerkszeug dafür erlangt, sich eigenständig von Ihrer Sucht zu trennen. Beinhaltet sind darin zahlreiche Tipps und Tricks, welche Ihnen dauerhaft den Abschluss mit Ihrer Sucht ermöglichen und erleichtern können.

Was ist eine Kaufsucht?

Das Kaufen begleitet unser Leben alltäglich. Die Packung Kaugummi an der Tankstelle, das kühle Eis nach einem anstrengenden Arbeitstag im Büro oder das reduzierte T-Shirt, das man eigentlich nicht braucht, man es sich jedoch auch nicht entgehen lassen möchte. All das ist normal und gehört zu einem Leben in dieser Gesellschaft dazu. Einkaufen zu gehen, für manche ein Segen, für andere ein Fluch, gehört genauso dazu wie Zähne zu putzen und Hände zu waschen. Die meisten konsumierten

Güter werden aus der Notwendigkeit heraus gekauft: Zahnpasta, Lebensmittel und Schulhefte.
Darüber denkt kaum jemand nach. Natürlich darf
das eine oder andere Genuss- oder Unterhaltungs-
mittel nicht fehlen. Wir müssen uns ja schließlich
auch mal etwas gönnen.

In Maßen ist dagegen auch nichts einzuwen-
den. Wir leben in einer Konsumgesellschaft. Es
findet also vielmals Anerkennung, einen Kauf zu
tätigen. Wir wollen gut aussehen, unseren Wohl-
stand zur Schau stellen und einfach auch nur
Dinge besitzen, weil sie schön sind. Deshalb ist es
gesellschaftlich anerkannt, mehr zu besitzen, als
man eigentlich benötigt. Meistens ist dieses Verhalten auch nicht problematisch, wenn es nicht zu
einem täglichen Zustand wird. Vor allem bei
Frauen wird dieses Verhalten gefordert und gefördert. Schon junge Mädchen gehen samstags in
Gruppen los, um den neuesten Trends hinterher
zu shoppen.

Werbung läuft auf allen Geräten und führt vor
allem bei jungen Menschen zu einem Verlangen
nach mehr und nach dem neuesten Trend, den anscheinend jeder besitzt. Das ist gerade auch das
Ziel der Werbung. In uns wird unterbewusst das

Verlangen ausgelöst, diesen Gegenstand besitzen zu wollen. Notwendigkeit und gesellschaftliche Anerkennung bei Besitz werden vorgegaukelt. Shoppen zu gehen, ist heutzutage jedem ein Begriff und wird auch allgemein als Hobby anerkannt. Dabei steht der Spaß, vor allem an neuer Kleidung, im Vordergrund. Zeit, Geld und der Platz im Kleiderschrank werden dabei oft vergessen oder verdrängt und so hat doch schon jeder einmal zu viel gekauft oder einen Fehlkauf begangen.

Bei manchen Menschen passiert dies jedoch häufiger als bei anderen. Woran andere noch Spaß haben und es nur manchmal als Abwechslung vom Alltag nutzen, entwickelt sich bei manchen Menschen eine regelrechte Sucht nach dem Kaufen und Konsumieren. Ein zwanghaftes Kaufen besteht und das Verlangen nach dem Kauf wird so groß, dass der Betroffene nicht genug Widerstandskraft aufbringen kann, um den Kauf nicht zu tätigen. Sie verfallen damit in einen Rausch, der leider auch durch diesen Kauf nicht aufhört. Das Verlangen nach dem nächsten Kauf kommt schneller, als man denkt. Und auch diesem kann nicht widerstanden werden. Doch die Hoffnung bleibt. Betroffene glauben meistens, dass sie nach dem nächsten Kauf aufhören werden. Nur noch ein Kauf und das Verlangen wird bestimmt gestillt sein. Befriedigung wird erreicht werden. Doch leider wird es bei jedem Kauf nur schlimmer. Die Befriedigung hält immer kürzer an und das Verlangen nach dem nächsten Kauf steigt wieder ins Unermessliche.

Diesem Kreislauf zu entrinnen, ist sehr schwer und für den Betroffenen allein fast unmöglich. Erschwerend kommt hinzu, dass die Kaufsucht von der Gesellschaft nicht als richtige Sucht anerkannt wird. Nikotin, Alkohol und Drogen können süchtig machen. Betroffene dieser Süchte finden schneller Hilfe, da diese Süchte gesellschaftlich anerkannt sind. Bei einer Kaufsucht trifft der Betroffene jedoch oft auf taube Ohren. Er wird belächelt und nicht ernst genommen. Wie schwer kann es denn sein, einem Kauf zu widerstehen? Für die meisten Menschen ist die Schwere dieser Sucht unbegreiflich. Dies bewirkt oftmals noch eine Verschlimmerung beim Betroffenen, denn auch, wenn er Zweifel an seinem Verhalten hatte und glaubte, Hilfe zu brauchen, wurde ihm durch das Verhalten der anderen Menschen suggeriert, dass es doch eigentlich nicht so schlimm ist. Der Teufelskreis wird somit nicht durchbrochen.

Die Folgen können verheerend sein. Oftmals stürzen sich Betroffene sogar in finanzielle Not, aus der sie nur schwer wieder herauskommen. Ihre Ausgaben übersteigen einfach ihre Einnahmen. Die heutige Situation auf dem Markt macht die Situation der Betroffenen nicht einfacher. Überall gibt es Angebote, ein Kauf ist so einfach wie noch nie. Der Markt wird von Produkten überschwemmt. Online-Shopping bringt das Ganze noch auf ein ganz neues Level. Musste man sich früher noch aus seiner Wohnung entfernen, um die neuesten Trends zu shoppen, reicht es heute schon, den Computer hochzufahren oder das Handy in die Hand zu nehmen. Schon hat man in Sekundenschnelle tausende passende Angebote zu der jeweiligen Suche. Man muss nicht einmal großartig nachdenken. Mit ein paar Klicks befindet sich das Produkt im Warenkorb und ist mit dem nächsten Klick bezahlt und auf dem Weg in unser Wohnzimmer.

Auch die Versuchung auf unseren alltäglichen Wegen ist nicht zu unterschätzen. Auf den

Straßen lauern Marktstände, Werbeplakate und Menschen, welche die neuesten Trends zur Schau stellen. Dem Konsum kann man somit nur schwer entrinnen. Damit wird auch das Bewusstsein über die Notwendigkeit der Sache verschwommener. Wenn anscheinend jeder ein bestimmtes Konsumgut besitzt, kommt in uns natürlicherweise das Bedürfnis auf, die Sache auch zu besitzen.

Das liegt in unseren Genen. Menschen sind soziale Wesen. Sie wollen dazu gehören und befinden sich lieber innerhalb als außerhalb der Gesellschaft. Oftmals wird es so aufgenommen, dass man nur innerhalb der Gesellschaft sein kann, wenn man bestimmten Anforderungen entspricht. Dies führt zu dem Verlangen, genau die Güter zu besitzen, welche die Gesellschaft gerade als Trend oder als essenziell beschreibt. Ohne diese fühlt man sich ausgeschlossen, obwohl man vielleicht selbst denkt, dass die Sache ihren Preis nicht wert ist oder nicht zu einem passt. Der Druck nimmt somit zu.

Es ist bekannt, dass manche Menschen mit gesellschaftlichem Druck besser umgehen können als andere. Bei manchen siegen die Vernunft und die Einsicht über die eigenen finanziellen

Möglichkeiten. Doch wenn dies nicht geschieht, dann wird immer mehr gekauft. Der Überblick und die Grenzen verschwinden im Kaufrausch. Kaufsüchtigen fehlt im Laufe der Zeit immer mehr die Einschätzung, ob sie etwas wirklich benötigen. Sie ignorieren ihre finanziellen Grenzen. Der Drang nach dem nächsten Kauf ist unaufhaltsam und das reale Leben außerhalb des Shoppens wird immer mehr hintenan gestellt.

Die meisten Betroffenen leiden unter persönlichen Problemen, von welchen sie sich ablenken oder sie durch den Kauf verdrängen wollen. Leider klappt dies nur bedingt und für kurze Zeit. Im Folgenden stellt sich schnell wieder ein negatives Gefühl ein. Diesem kann zwar für einen bestimmten Zeitraum mit dem nächsten Kauf entgegengewirkt werden, doch nach dem Höhepunkt fühlt sich der Betroffene meistens schlechter als zuvor. Betroffene sind nicht süchtig nach bestimmten Produkten, weshalb die meisten ihre Kaufsucht auch lange Zeit verstecken können. Sie sind süchtig nach dem Gefühl, welches durch den Kauf in ihnen ausgelöst wird.

Wieso bin ich betroffen?

Oftmals lassen sich die Ursachen, wieso genau eine bestimmte Person von einer bestimmten Sucht betroffen ist, nicht so leicht herausfinden. Meistens spielen auch mehrere Gründe zusammen und es lässt sich nicht sagen, ob ein bestimmter Faktor schwerwiegender ist als ein anderer. Viele psychologische Ursachen können mit einer Kaufsucht in Verbindung gebracht werden. Oft ist es den Betroffenen selbst gar nicht so sehr bewusst.

Eine Konsumsucht wird als Zwangsstörung oder als Impulskontrollstörung bezeichnet. Manche Psychologen bezeichnen sie auch als eine Verhaltenssucht. Diese Sucht kann im Endeffekt jeden treffen. Doch sind bestimmte Menschen gefährdeter als andere, an einer Sucht zu erkranken. Eine gefährdete Gruppe sind vor allem junge Menschen, da diese für Werbung und Markenversprechen viel anfälliger sind als Erwachsene. Sie setzen sich mit ihrer Umwelt meistens nicht so kritisch auseinander wie ältere Menschen. Auch Kaufempfehlungen von Mitschülern und Freunden werden in den jüngeren Generationen öfter ausgesprochen als in älteren Generationen. Dazu kommen ein verstärktes Zugehörigkeitsgefühl und der Drang, mit den anderen mithalten zu können. In Institutionen wie der Schule oder der Universität lässt sich dieses Phänomen besonders stark beobachten.

Der Bezug zum Geld fehlt Jugendlichen und jungen Erwachsenen immer mehr. Das liegt daran, dass sie kaum noch Bargeld in der Hand halten, sondern ganz einfach bargeldlos zahlen können. So verlieren Sie oft die Vorstellung davon, was etwas kostet und wie viel Geld im Monat noch übrig ist. Das Internet birgt dahin gehend eine große Gefahr und ist für viele junge Menschen eine regelrechte Kauffalle.

Frauen neigen häufiger dazu, eine Kaufsucht zu entwickeln, da diesen schon in der frühen Kindheit mehr Konsum zugestanden wird als Männern. Schminke, Kleidung und Accessoires zu kaufen, gehört für die meisten Frauen schon von klein auf dazu. Betroffen sind außerdem häufiger Menschen, die nach außen hin ein glückliches Leben führen, sich innerlich jedoch nach mehr sehnen und sich nicht erfüllt fühlen. Diese Menschen plagt oftmals eine innere Leere, die sie selbst nicht verstehen. Nach außen hin besitzen sie ja alles, was ihr Seelenheil benötigt: einen Partner, ein Haus, Kinder und einen guten Job.

Doch gerade eine Partnerschaft, welche nach außen hin glücklich erscheint, birgt ein gewisses Risiko. Das Streben nach immer schneller, höher und weiter, führt dazu, dass wir unsere Mitmenschen gar nicht mehr richtig sehen. Der Partner fühlt sich ungeliebt und nicht wertgeschätzt. Ein unerfülltes Verlangen nach Liebe und Anerkennung kann entstehen. Dieses versuchen Betroffene dann, mit dem Kauf zu kompensieren.

Betroffene weisen meistens ein paar Gemeinsam-keiten auf, welche auf sehr viele Kaufsüchtige zu-treffen. Ausnahmen bestätigen jedoch auch hier die Regel.

Die Forschung ist hinsichtlich der Kauf- bzw. Konsumsucht auch heutzutage noch nicht so weit, dass man eine abschließende Aufzählung aller Ur-sachen, Gründe und Symptome führen könnte. Manche Wissenschaftler glauben an eine geneti-sche Disposition. Es ist bewiesen, dass die Gefahr, an einer Sucht zu erkranken, grundsätzlich mit der Beschaffenheit des Charakters einer Person zu-sammenhängt. Betroffen sind häufig Menschen, welche ein niedriges Selbstwertgefühl besitzen und emotional nicht stabil genug sind. Zudem sind Menschen, die gefährdet sind, an einer Depression zu erkranken, auch gefährdeter, eine Sucht zu ent-wickeln. Wissenschaftler haben herausgefunden, dass Menschen mit einer Suchtkrankheit biolo-gisch dazu veranlagt sind. Grund dafür ist die feh-lende Ausprägung des Belohnungszentrums im Gehirn. Positive Gefühle werden durch das Ausle-ben der Sucht freigesetzt und in diesem Fall mit dem Kaufen von Konsumgütern assoziiert.

Jedoch erkranken nicht alle Personen, welche diese Eigenschaften besitzen, auch an einer Sucht. Als Ursache kommen zu den psychologischen auch soziale und familiäre Risikofaktoren in Betracht. Leider ist es auch in den letzten Jahrzehnten noch gang und gäbe, dass in den Kinderstuben Liebesentzug, Bestrafung und eine starke Leistungsorientierung herrschen. Diese Kinder, welche oftmals unter sehr instabilen Bedingungen aufwachsen und sich nie auf Liebe oder Wertschätzung verlassen können, wachsen zu Personen mit einer instabilen Persönlichkeit heran. Somit ist auch dadurch die Gefahr erhöht, einer Sucht zu verfallen.

Ein vermindertes Selbstwertgefühl tritt bei so erzogenen Kindern häufiger auf und lässt sich auch im Erwachsenenalter nicht ohne Arbeit stärken. Frauen, welche öfter in der Kindheit und Jugend schlecht behandelt oder fortlaufend kritisiert wurden, entwickeln ein schlechtes Gefühl für sich selbst und ihren Wert als Person. Männer werden als Kinder und Jugendliche meistens weniger kritisiert und dürfen auch einmal über die Stränge schlagen, ohne dass sie dafür bestraft oder runtergemacht werden. Dies könnte auch ein Grund dafür sein, wieso Frauen häufiger an einer Kaufsucht erkranken als Männer.

Frauen wird von Kindesbeinen an beigebracht, ihren Wert im Außen zu suchen. Sie müssen schön sein, sich benehmen und anderen Menschen gefallen. Dies führt dazu, dass sie vermehrt von der Meinung anderer abhängig sind. Sie schätzen ihren Selbstwert zu gering ein, sehen ihre Leistung und ihren Wert als minderwertig an. Mädchen wird beigebracht, immer nach einem Idealbild zu streben, das jedoch niemand erreichen kann. Daher, dass sie nicht ans Ziel kommen, werden viele Frauen unzufrieden und versuchen, dies mit Wertgegenständen zu kompensieren.

Frauen sehen sich besonders heutzutage unter einem großen Druck durch die Gesellschaft stehen. Sie sollen am besten Vollzeit arbeiten, gut aussehen, den Haushalt führen, sich um Mann, Kinder und Haustiere kümmern und natürlich auch noch ein paar schöne Hobbys ausführen. Doch auf Dauer kann das niemand allein schaffen. Tägliche Konflikte zwischen so vielen Aufgabenbereichen führen dazu, dass sich manche Frauen als Versager sehen, da sie einfach nicht alle Aufgaben erfüllen können, egal, wie sehr sie sich anstrengen. Die Gesellschaft suggeriert jedoch, dass eine Frau das alles schaffen muss. Bei Männern liegen die Ursachen für die Entwicklung einer Sucht oftmals auch in der Kindheit, jedoch bei anderen Schwerpunkten. Mobbing und familiäre Spannungsfelder sind ein großer Risikofaktor.

Wir wollen jetzt einmal auf das mangelnde Selbstwertgefühl eingehen und wieso es einer der Hauptgründe für das Entwickeln einer Kaufsucht sein kann. Der Selbstwert definiert sich als der Wert, welchen eine Person sich selbst zuschreibt. Jeder Mensch bewertet sich auf die eine oder andere Weise selbst. Viele Menschen schätzen ihren Wert bzw. ihren Beitrag, den sie für die Gesellschaft leisten, als viel zu niedrig ein. Selbstsicherheit und das Vertrauen in sich selbst sind mit dem Selbstwertgefühl eng verbunden. Menschen mit einem niedrigen Selbstwertgefühl sind oftmals weniger sicher mit sich selbst und anderen Menschen. Sie vertrauen zu wenig in ihre eigenen Fähigkeiten und Eigenschaften.

Es gibt drei Faktoren, welche bestimmen, als wie wertvoll sich ein Mensch ansieht. Dazu gehören die Rückmeldungen aus dem persönlichen Umfeld, das Vergleichen mit anderen Personen und das Prinzip der Selbstbeobachtung. Jeder Mensch ordnet sein eigenes Verhalten und Erleben ein und analysiert es. Dies geschieht vor allem dadurch, dass er sie in Bezug zu früheren Erlebnissen setzt. Umbrüche und Identitätskrisen können einen bleibenden Schaden anrichten, der sich im späteren Leben auf das Selbstwertgefühl auswirkt. Eine schwierige Kindheit ist Hauptauslöser eines geringen Selbstwertgefühls. Jedoch auch Verletzungen durch wichtige Menschen können auch im späteren Leben dazu beitragen. Zentrale Rollen spielen hier vor allem die Eltern und Partner. Deshalb sollten Verletzungen aus zwischenmenschlichen Beziehungen immer ernst genommen und möglichst bald aufgearbeitet werden. Lügen und der Betrug durch eine nahestehende Person können schwerwiegende Folgen nach sich ziehen. Viele sehen das Scheitern einer Beziehung als ihre eigene Schuld und denken, dass sie es nicht wert waren, geliebt zu werden.

Traumatische Erlebnisse, die in Beziehungen oder durch das Scheitern einer Beziehung entstehen, können sich in großem Maße auf einen Menschen auswirken und psychische Folgen nach sich ziehen. Viele Menschen, die von einem mangelnden Selbstwertgefühl betroffen sind, haben kaum oder gar keine Anerkennung in der Kindheit erfahren. Sie wurden stark kritisiert, ihre Errungenschaften nicht wertgeschätzt, sie wurden fortlaufend mit anderen Kindern verglichen und von ihren Eltern nicht als wertvoll angesehen. Gleichgültigkeit und eine emotionale Vernachlässigung stellen ebenso Risikofaktoren dar.

Leider erfahren auch heute noch viele Kinder häusliche Gewalt und keine Liebe, jedoch kann es genauso risikohaft sein, wenn ein Kind überversorgt wird. Dadurch lernt es, keinen Bezug zu Gütern und deren Wert herzustellen. Es lernt nicht, sich Dinge zu erarbeiten, sondern bekommt immer alles, was es sich wünscht. Dadurch werden die Dinge schnell wertlos und es muss immer mehr konsumiert werden, um glücklich zu sein.

Eine Prägung auf materielle Güter führt dazu, dass immer den neuesten Trends nachgejagt wird, da sich die Person darüber definiert. Menschen, die in der Kindheit zu wenig materielle Güter hatten, sind also genauso gefährdet wie Kinder, die im Überschuss aufgewachsen sind. Psychologen haben herausgefunden, dass die Lebensqualität eines Menschen abnimmt, je mehr er Wert auf materielle Güter legt. Viel Besitz macht nicht glücklich. Grundbedürfnisse und auch ein paar Wünsche dürfen erfüllt werden, jedoch steigen die Lebensqualität und das Wohlbefinden nicht mit dem vermehrten Kaufen von Konsumgütern an. Eher sinkt das psychische Wohlbefinden, da das Konzentrieren auf das Einkaufen Energie und Zeit raubt, welche dann im alltäglichen Leben fehlt. Dadurch geraten Betroffene oftmals in Stress und Hektik, da sie für ein normales Leben nicht mehr über genügend Kapazitäten verfügen.

Betroffene glauben häufig, sich durch Konsumgüter Anerkennung und andere Wertschätzung erkaufen zu können. Durch Komplimente, welche nicht auf sie als Person, sondern auf ihre Habseligkeiten gerichtet sind, wird dieser Effekt noch verstärkt. Dies treibt sie immer weiter in die Sucht. Süchtige unterliegen dem Trugschluss, ihre innere Leere auf Dauer mit neuen Konsumgütern stillen zu können, doch das funktioniert nicht. Oft werden, vor allem durch das Onlineshopping und das damit verbundene Ankommen von Paketen Glücksgefühle wie bei Geschenken unter dem Weihnachtsbaum ausgelöst. Damit werden oftmals Gefühle kompensiert, welche an

vergangenen Festen ausgelöst und niemals aufgearbeitet wurden. Die Sehnsucht nach Anerkennung, Liebe und Wertschätzung wird hier besonders deutlich.

Ein weiterer Trigger, welcher eine Kaufsucht
auslösen kann, ist ein Schicksalsschlag. Schwierige Lebenssituationen, wie der Tod eines Nahestehenden, Verlust der Arbeitsstelle oder Krankheiten, können einen Menschen so schwer belasten, dass er eine neue Sucht entwickelt oder sich
eine bestehende Sucht verstärkt. Dies bildet vor
allem bei Erwachsenen einen großen Punkt, unter
dem das Selbstwertgefühl leiden kann. Betroffene
gehen häufig damit um, indem sie ihre Trauer
durch zwanghaftes Verhalten entladen. Bei kaufsüchtigen Menschen führt das oft zu einem exzes-
siven Kaufrausch, doch leider lenkt dies nur für
kurze Zeit von den Problemen in der echten Welt
ab. Da Schicksalsschläge oftmals von einem Aus-
schluss aus der Gesellschaft begleitet werden, eine
Arbeitslosigkeit zum Beispiel zu einem plötzlichen
Kontaktabbruch mit allen Kollegen führt, trifft
dies die Betroffenen besonders schwer.

Da sich Menschen in unserer Gesellschaft
häufig über ihren beruflichen Erfolg definieren,

fühlen sie sich als Versager. Obwohl sie viele andere Dinge leisten, haben sie Angst, als faul oder dumm dargestellt zu werden. Drohende Armut macht die ganze Sache nicht besser, verstärkt nur das Verlangen, welches jetzt noch weniger erfüllt werden kann. Betroffene müssen sich gezwungenermaßen über ihre finanziellen Möglichkeiten hinwegsetzen, um ihre materiellen Bedürfnisse zu erfüllen. Rauschzustände sind jetzt besonders wahrscheinlich, da sich das Verlangen bis zum Gehtnichtmehr aufstauen muss. Irgendwann platzt der Staudamm dann und eine große Welle schwappt über den Betroffenen hinweg.

Langeweile wird oftmals auch durch die Arbeitslosigkeit herbeigeführt. Da alle Freunde und Bekannten auf der Arbeit sind, kann er sich nicht sozial einbringen. Durch dieses Gefühl der Einsamkeit geht der Kaufsüchtige auch oftmals in ein Einkaufscenter oder auf den Markt, um sich nicht mehr allein zu fühlen und irgendwo dazuzugehören. Der Mensch hat seine Tagesstruktur verloren und weiß nichts mit sich anzufangen. Wir unterschätzen oftmals, wie viel Einfluss unsere alltägliche Arbeit hat. Viele Menschen würden sofort aufhören zu arbeiten, wenn sie ihren Lohn trotzdem fortbezahlt bekommen würden. Doch leider würde das die meisten von uns nicht glücklich machen. Jeder Mensch braucht eine Aufgabe. Mag sein, dass einige Menschen so viel zu tun haben, dass sie ihre Arbeit nicht vermissen würden, doch das gilt nicht für jeden. Die meisten von uns brauchen diese Abwechselung, neue Aufgaben und den Kontakt mit den Kollegen.

Zusammenfassend kann gesagt werden, dass eine Vielzahl von Gründen zur Entwicklung einer Kaufsucht beiträgt, jedoch nicht alle Risikofaktoren und Ursachen bei jedem der Betroffenen zu finden sind. Sollten Sie solche Ursachen bei sich oder einem anderen erkennen, dann betrachten Sie das Kaufverhalten ganz genau. Es ist sehr wichtig, schon frühzeitig gefährdete Personen auszumachen und ihnen bei Bedarf Hilfe anzubieten. Sollten Sie oder eine Ihnen nahestehende Person schon an anderen psychischen Erkrankungen erkrankt sein, ist besondere Vorsicht geboten. Eine Kaufsucht tritt nämlich häufiger bei Menschen auf, welche früher oder heutzutage an anderen Krankheiten erkrankt sind. Den meisten Menschen ist jedoch nicht bewusst, dass sie an einer Krankheit leiden, deshalb sollten alle physischen und psychischen Symptome genau unter die Lupe genommen werden. Am häufigsten treten bei kaufsüchtigen Menschen auch Depressionen auf. Auch andere Zwangsstörungen, Essstörungen oder Angststörungen kommen dabei in Betracht. Jedoch können durch die Kaufsucht auch andere Erkrankungen ausgelöst werden, welche den Zustand des Betroffenen noch verschlimmern.

In Studien wurde herausgefunden, dass ein großer Prozentsatz der Kaufsüchtigen auch unter dem sogenannten „Messie-Syndrom" leidet, denn auch dieses rührt aus einem niedrigen Selbstwertgefühl und einer psychischen Belastung. Oftmals lässt sich überhaupt nicht herausfinden, welche Krankheit die Ursache der anderen Krankheit ist; dass sie in Wechselwirkung stehen, ist dabei jedoch nicht anzuzweifeln. Eine Kaufsucht kann zudem erschwert werden, wenn andere Suchtkrankheiten wie zum Beispiel eine Drogensucht bestehen. Ein Teil der Wissenschaft geht davon aus, dass auch Hormone das Entstehen einer Kaufsucht auslösen können. Grundlegend dafür ist, dass es bei einer Kaufsucht zu einem

Ungleichgewicht zwischen Dopamin und Serotonin kommen kann.

Serotonin, umgangssprachlich bekannt als Glückshormon, kann, wenn es in zu geringem Maße vorhanden ist, auslösen, dass der Betroffene von zu vielen negativen Gefühlen begleitet ist. Dies führt den Betroffenen zwangsläufig in eine Depression. Das Ziel des Einkaufens ist somit, dem Betroffenen einen Anstieg des Serotoninspiegels zu geben. Das Ungleichgewicht der Hormone wird dadurch auch kurzerhand wieder ausgeglichen. Doch leider hält dieser Zustand nicht lange an. Wissenschaftliche Untersuchungen konnten zeigen, dass bei Menschen, die von einer Kaufsucht betroffen sind, ähnlich wie bei anderen Suchtkranken, im Gehirn weniger Rezeptoren vorhanden sind. Botenstoffe, wie zum Beispiel Dopamin, können sich dort folglich nicht so gut festsetzen. Beim Einkaufen wird bei den Betroffenen jedoch Dopamin ausgeschüttet, was das Belohnungssystem anregt und damit durch den Kauf geprägt wird.

Da sich das Dopamin jedoch nicht so leicht festhalten lässt, muss immer mehr Dopamin ausgeschüttet werden, um eine Befriedigung zu erlangen. Dies führt den Betroffenen in eine psychische Abhängigkeit, aus der er nur schwer wieder herauskommt. Aus Gewohnheit kann es sogar dazu kommen, dass die Zeit, in der ein positives Gefühl vorhält, nur ein paar Minuten beträgt. Auch der Körper gewöhnt sich so sehr an die Kaufsucht, dass er durch die erhöhte Ausschüttung von Hormonen seine eigene Hormonausschüttung herunterfährt. Damit ist der Süchtige dann auch physisch dazu „gezwungen", weiter Einkäufe zu tätigen, um nicht in ein Loch zu fallen. Deshalb ist es auch so wichtig, eine Kaufsucht sehr früh zu erkennen. Umso länger die Sucht besteht, desto verheerender sind die psychischen und physischen Folgen für die Betroffenen. Erste Anzeichen sollten folglich immer ernst genommen werden, um den drohenden Teufelskreis so früh wie möglich zu durchbrechen.

Woran erkenne ich eine Kaufsucht?

Eine Kaufsucht lässt sich im Grunde mit einem körperlichen Anfall vergleichen, bei dem der Betroffene seine Handlungen nicht unter Kontrolle hat und im Nachhinein auch nicht erklären kann, wieso er so gehandelt hat, bzw. manchmal auch, was er überhaupt genau gemacht hat. Jeder Mensch, der von einer Kaufsucht betroffen ist, hat bestimmte Trigger, durch welchen diese Zustände in ihm ausgelöst werden. Frustration und Stress sind hierbei die Vorreiter. Stress in Familie, Beruf oder Freundeskreis führt oftmals in eine Frustration. Jeder von uns hat schon einmal einen sogenannten Frustkauf getätigt. Viele bereuen es danach auch schon wieder. Die Kompensation, die wir dadurch erlangen wollen, hilft meistens nicht lange über den Stress hinweg und wir ärgern uns, unser Geld und unsere Zeit da hineingesteckt zu haben. Wir erkennen, dass die Probleme, welche wir damit unterdrücken wollten, nicht verschwinden. Sie sind immer noch da und drücken uns auf unser Herz. Der Kauf ändert daran nichts.

Betroffene einer Kaufsucht glauben jedoch fest daran, damit eine dauerhafte Linderung ihrer Schmerzen herbeiführen zu können. Dadurch werden Probleme jedoch nur nach hinten geschoben und stauen sich auf. Der Druck auf den Betroffenen wird größer und unaufhaltsam. Durch einen weiteren Kauf kann die Frustration zwar für kurze Zeit zurückgedrängt werden, doch kommt sie danach immer stärker zum Vorschein. Es ist normal, dass wir Menschen manchmal so handeln. Solange es kein Dauerzustand ist, ist es auch nur halb so schlimm. Überforderung in der heutigen Gesellschaft führt oft zwangsläufig dazu, dass man sich manchmal ablenken muss. Jedoch sollten die Alarmglocken schrillen, wenn der Alltag eines Menschen so durch Druck und Überanstrengung belastet ist, dass er sich selbst immer mehr belohnen muss, um glücklich zu sein. Dieses Verhalten kann schnell normale Bahnen verlassen und in die Abhängigkeit führen, da das dauerhafte Kompensieren und Umschichten von Problemen die Fähigkeit, seine Handlungen zu kontrollieren, immer weiter herabsetzt. Sollten Sie bei einem Angehörigen bemerken, dass er immer mehr kauft, sollten Sie ihn dafür nicht noch loben.

Leider ist es in unserer Konsumgesellschaft sehr schwer, aus materiellen Süchten herauszukommen, da Betroffene anfangs noch sehr viel Anerkennung bekommen. Andere freuen sich über die Einkäufe, bewundern neue Stücke und sind vielleicht sogar neidisch, dass der andere sie besitzt. Durch dieses Vermitteln von Gefühlen, welche nur positiver Natur sind, wird die Erkenntnis des Betroffenen, dass das, was er gerade macht, nicht richtig ist, immer verschwommener. Das Umfeld glaubt dadurch oft, dem Betroffenen einen Gefallen zu tun, da seine neuen Anschaffungen anerkannt werden. Doch leider bewirkt dies oft das Gegenteil. Den bewundernden Menschen ist das meistens nicht bewusst, dass der Kaufende nicht plötzlich reich geworden ist, sondern dass er seine finanziellen Grenzen überschätzt.

Das Vermitteln von diesen Gefühlen tut dem Betroffenen nicht gut, denn er glaubt, dass die Menschen ihn jetzt mehr mögen. Die Kaufsucht kann sich so einschleichen, ohne dass selbst die engsten Familienangehörigen, welche jeden Tag mit ihm zu tun haben, davon etwas bemerken. Auch der schlechte Ruf wie bei einer Drogen- oder Alkoholsucht ist bei einer Kaufsucht nicht gegeben. Das Umfeld nimmt es meistens überhaupt nicht als Problem wahr.

Das Hauptmerkmal einer Kaufsucht ist der Drang, etwas zu besitzen und dieses einzukaufen, obwohl es momentan gar nicht nötig wäre. Unnötige Käufe sind daher immer ein Warnzeichen. In einem großen Ausmaß werden impulsiv Dinge gekauft, welche von den Betroffenen nicht einmal gebraucht werden. Zum Beispiel kauft ein unsportlicher Mensch auf einmal die neuesten Sportgeräte oder es werden gänzlich neue Hobbys angeschafft, aber niemals ausgelebt. Der Kaufrausch wird meistens durch Gefühle ausgelöst, welche eine Grundlage dafür bilden, dass sich der

Betroffene schlecht fühlt. Er ist wütend, frustriert, traurig oder fühlt sich einsam und verlassen. Kaufsüchtige berichten in einer Therapie oftmals davon, sich innerlich leer oder abgestumpft zu fühlen. Die Konsumgüter werden meistens nicht benutzt und stehen in der Ecke. Die Schubladen sind voll, der Keller überladen und es kommen immer mehr Gegenstände hinzu.

Es ist oft zu beobachten, dass Kaufsüchtige von einem Gegenstand sehr viele Ausführungen besitzen, zum Beispiel zehn Töpfe in der gleichen Größe, obwohl die Person in einem Single-Haushalt wohnt. Zudem kann es vorkommen, dass sich für die Person selbst sehr ungewöhnliche Dinge in der Wohnung befinden. Zum Beispiel Autoreifen für ein Auto, welches der Betroffene gar nicht besitzt, oder Kleidung in der falschen Größe. Lebensmittel werden in Massen eingekauft, doch nie gegessen, da es einfach zu viele sind. Diese verrotten und der Müll türmt sich in der ganzen Wohnung. Viele Betroffene packen die neuen Gegenstände nicht einmal aus. So türmen sich Verkaufsverpackungen, Pakete, Briefumschläge und andere Verpackungsmaterialien überall. Den Betroffenen geht es ja gerade um das Ausführen des Kaufens, nicht um den Gegenstand selbst oder um eine Dienstleistung.

Beim Kaufen verspüren Betroffene eine große Anspannung und Aufgeregtheit. Sie zittern, sind unruhig oder zeigen auf andere Art und Weise eine schon fast kindliche Aufregung. Durch den Kauf rauschen die Gefühle in den Keller und eine Last scheint von den Schultern des Kaufenden abzufallen, jedoch tritt oft ein sehr schlechtes Gewissen ein. Kurze Zeit nach dem Kauf bereuen es die Kaufenden schon. Manchmal kann man schon, nachdem sie ihre Kreditkarte wieder in das Portemonnaie gesteckt haben, an ihrem Gesichtsausdruck ablesen, dass sie den Kauf bereuen. Doch ein Zurückgeben der Konsumgüter ist ihnen einfach nicht möglich, denn Sie haben Angst, die Anerkennung des Verkäufers zu verlieren. Dadurch erleiden sie oft einen Rückfall und gehen sogar noch einmal in dasselbe Kaufhaus zurück, um dort noch einen Gegenstand zu kaufen, den sie noch viel weniger benötigen und der noch viel teurer ist. Sie fühlen sich hilflos und ihrem Verlangen ausgeliefert.

Meistens ist es bei Shoppingtypen so, dass jeder Einkauf teurer wird. Handelt es sich am Anfang noch um zweistellige Beträge, kann es sein, dass der Betroffene am Ende des Tages Hunderte von Euros für einen neuen Fernseher ausgibt, den er gar nicht benötigt, weil er schon fünf Fernseher in der Wohnung stehen hat. Kaufsüchtige haben meistens leider schon den Durchblick verloren, wie viel sie an einem Tag ausgegeben haben. Sogar monatlich können die Betroffenen meistens nicht einmal realistisch einschätzen, wie viel sie wirklich diesen Monat ausgegeben haben. Betroffene fühlen sich von ihrem eigenen Willen betrogen. Sie denken, nichts gegen das ständige Einkaufen tun zu können. Viele versuchen anfangs noch, sich aus eigenen Stücken zur Wehr zu setzen, doch leider ist dies meistens einfach nicht möglich.

Betroffene müssen sich Hilfe suchen. Diese finden Sie meistens nur im Außen. Ein weiteres Symptom einer Kaufsucht ist ständiges Fehlen von Konzentration. Egal, wie schön oder wichtig der Moment ist, in dem sie sich gerade befinden, sie hören, sobald sie der Drang nach dem Einkaufen erreicht, mit dieser Tätigkeit auf – beim Arbeiten, im Beisammensein mit der Familie, mit den Kindern oder bei der Hausarbeit. Betroffene können sich nicht gut konzentrieren. Stellen Sie bei einem Ihrer Familienmitglieder einen Konzentrationsabfall fest, welcher mit fehlendem Geld einhergeht, sollten Sie hellhörig werden. Die Betroffenen können meistens überhaupt nichts dagegen tun. Angehörige und Freunde sollten dies niemals persönlich nehmen.

Auch, wenn Ihnen der Moment gerade sehr wichtig ist, sollten Sie Verständnis dafür haben, dass die Person das nicht aus freien Stücken macht. Ihr Lebensmittelpunkt hat sich einfach zu sehr auf das Kaufen gestützt. Sind Sie selbst oder jemand anderes schon nach dem Aufwachen unruhig und ist das Einkaufen der erste Gedanke des Tages, dann ist dies ein sehr starkes Warnzeichen dafür, dass Sie eine Kaufsucht entwickelt haben. Jedoch gibt es auch Betroffene, welche überhaupt nicht täglich an das Einkaufen denken. Es kann sein, dass eine Person Tage, ja, sogar Wochen lang nichts kauft, das nicht benötigt ist. Doch dann gibt es wieder Phasen mit extremen Rauschzuständen. In diesen Phasen kaufen die Betroffenen hunderte Dinge, welche Sie überhaupt nicht benötigen. Es gibt also im Gegensatz zu rein körperlichen Süchten einen Unterschied. Abstinenz von der Sucht ist möglich, bedeutet jedoch nicht, dass die Person geheilt ist.

Viele Betroffene, welche von ihrem Umfeld darauf angesprochen werden, können sich daraufhin ein paar Tage oder sogar Wochen zusammenreißen. Das liegt daran, dass das Verlangen danach, von der Person geliebt zu werden, für einen Moment größer ist als das Verlangen nach dem Kauf. Leider kann es dadurch bei der kleinsten Unstimmigkeit dazu kommen, dass ein neuer Rausch ausgelöst wird. Es kann jedoch auch sein, dass die Person ihre Kaufsucht überwunden hat. Leider ist es in unserer Gesellschaft so, dass es Phasen gibt, in denen jeder einmal in einen Rauschzustand beim Einkaufen verfällt.

Als Beispiel können Sie die vielen Geschenke für die Liebsten zu Weihnachten, Ostern oder Geburtstagsgeschenke sehen. Jeder von uns kennt es, dass er schon einmal zu viel Geld für ein Geburtstagsgeschenk ausgegeben oder für eine Person viel zu viele Weihnachtsgeschenke gekauft hat. Es muss uns bewusst sein, dass es sich, da es dem Kaufenden nicht um das Ding selbst geht, auch oftmals um Geschenke handeln kann. Viele Betroffene, insbesondere Mütter, kaufen in der Zeit viel zu viele Spielsachen und Kleidung für ihre Kinder. Kaufsucht sollte niemals als egoistisch angesehen werden, denn das ist sie nicht, aber das würde niemals jemand vermuten.

Haben Sie bei der Kollegin, welche immer wieder Kleinigkeiten für ihre Kollegen mitbringt, jemals daran gedacht, dass sie unter einer Kaufsucht leiden könnte? Nein, wahrscheinlich nicht. Das liegt daran, dass kaufsüchtige Menschen meistens auch sehr emotional sind. Sie wollen der Umwelt gefallen und bringen anderen Menschen gern einmal ein paar Kleinigkeiten mit, um ihnen ein Lächeln auf die Lippen zu zaubern. Damit versuchen sie selbst, ihr eigenes Verhalten zu rechtfertigen. Rechtfertigung ist generell auch ein Anzeichen dafür, dass es sich um eine Kaufsucht handelt. Betroffene geben damit an, ein Schnäppchen gemacht zu haben, im Sonderangebot einkaufen gewesen zu sein und Geld eingespart zu haben. Damit versuchen sie, davon abzulenken, dass der Kauf nicht nötig war oder sie einfach zu viel gekauft haben.

Sie reden viel über ihren Lohn, um darauf hinzuweisen, dass sie das Geld ja selbst verdient haben und sich deshalb diese Neuanschaffung auch leisten können. Betroffene reden oft davon, ab dem nächsten Monat zu sparen, ihre Rechnungen zu begleichen und ein paar Tage nichts zu kaufen, doch leider sind dies nur leere Worte. Solche Versprechungen sollten niemals ernst genommen werden. Horchen Sie lieber genauer nach, falls Ihnen jemand so etwas verspricht. Die Betroffenen sind leider oftmals so in ihrer Sucht gefangen, dass sie dort nicht allein wieder hinauskommen.

Offensichtliche Lügen können auch ein Anzeichen für eine Kaufsucht sein. Sie erzählen, dass der gekaufte Gegenstand weniger gekostet habe oder dass sie ihn geschenkt bekommen haben. Oftmals verstecken sie sogar in den Schränken, unter dem Bett oder im Keller die Dinge, die sie gekauft haben. Sie machen manchmal die Verpackung ab, um es aussehen zu lassen, als wäre dieser Gegenstand schon sehr lange in der Wohnung gewesen. Damit wollen sie ihren Mitmenschen weniger auffallen und sie davon ablenken, dass sie schon wieder zu viel gekauft haben. Bei den meisten Betroffenen häufen sich Schulden und Rechnungen an, welche sie im Endeffekt niemals begleichen können, da ihnen die finanziellen Möglichkeiten dazu fehlen.

Das bargeldlose Einkaufen heutzutage verleitet sie auch noch mehr dazu. Man muss nicht sofort bezahlen, es gibt Kreditkarten und ein Überblick über das zur Verfügung stehende Geld ist meistens nicht gegeben. Studien belegen, dass Menschen, welche eine Kreditkarte besitzen, öfter mehr Geld ausgeben als Menschen, welche mit Bargeld einkaufen gehen. Kaufsüchtige bezahlen meistens auch lieber mit einer Kreditkarte als mit barem Geld, denn durch die Bezahlung mit einer Karte sehen sie nicht, welche Summe genau sie deswegen verlieren. Sie können sogar die Augen schließen und sehen nicht einmal den Betrag, welcher von ihrem Bankkonto eingezogen wird.

Ein weiteres Anzeichen ist, dass selbst für den kleinsten Spaziergang mit dem Hund die Bankkarte immer mitgeführt wird. Es könnte sich ja eine Gelegenheit ergeben, in der sie die Karte unbedingt gebrauchen, auch wenn eigentlich kein Laden auf dem Weg liegt. Ohne die Karte wird das Haus meistens nicht mehr verlassen, Betroffene sind abhängig von ihrer Karte. Da Betroffene sich in den meisten Augenblicken ihrer Sucht bewusst sind, versuchen sie, bewusst Kritik durch andere Menschen zu umgehen. Sie schämen sich für ihre

Kaufsucht und verstecken diese deshalb so gekonnt, dass auch der genaueste Betrachter manchmal Probleme dabei hat, diese zu entdecken. Das niedrige Selbstwertgefühl der Betroffenen geht damit in Einklang.

Ein anderes Phänomen lässt sich mit Trödel entdecken. Manche Betroffene glauben, mit dem Weiterverkauf von Dingen Geld verdienen zu können, weshalb sie immer mehr kaufen, auch Dinge, welche sich für einen Weiterverkauf nicht eignen. Trotzdem werden diese Dinge gekauft und man sieht Betroffene samstags oft auf dem Flohmarkt, wo sie versuchen, alles wieder loszuwerden. Manchmal klappt das auch sehr gut, doch meistens endet es so, dass der Betroffene mehr Dinge mit nach Hause nimmt, als er tatsächlich verkauft hat. Auf dem Flohmarkt ist die Versuchung natürlich viel größer, etwas zu kaufen, da alles in Masse vorhanden ist.

Ein weiteres Anzeichen für eine Kaufsucht kann sein, dass sich die Gedanken und die Gefühle der Betroffenen nur um materielle Güter drehen. Sie definieren sich selbst meistens darüber. Vor allem, wenn eine Person sagt, dass sie mit diesem Kauf sehr glücklich werden wird, dann sollten Sie aufhorchen. Manche Betroffenen leiden sogar unter Selbstmordgedanken, wenn sie merken, dass ihre finanziellen Möglichkeiten so ausgeschöpft sind, dass sie sich den nächsten Kauf gar nicht mehr leisten können. Durch diese Grenze fühlen sie sich so weit heruntergezogen, dass ihnen das Leben sinnlos erscheint. Die Angst, etwas nicht besitzen zu können, steigt ins Unermessliche. Betroffene glauben oftmals, ihrer Umwelt einen Gefallen zu tun, wenn sie diese nicht weiter belasten.

Da die Kaufsucht nicht nur eine psychische, sondern auch eine physische Sucht darstellt, können auch Entzugserscheinungen auftreten. Diese treten vor allem dann auf, wenn die finanziellen Möglichkeiten ausgeschöpft sind oder der Betroffene anderweitig an einem Kauf gehindert wird. Liegt der Betroffene zum Beispiel mit einem gebrochenen Bein im Krankenhaus und kann leider nicht in einen Einkaufsladen gehen, dann kann es ihm sehr schlecht gehen. Er kann sogar körperliche Symptome entwickeln. Stimmungsschwankungen, Verzweiflung und eine negative Lebenseinstellung treten vermehrt in den Vordergrund. Betroffene werden aggressiv, sind innerlich unruhig, zittern, sind gereizt und entladen sich an ihren Mitmenschen. Viele gehen mit ihren Liebsten plötzlich sehr aggressiv um, schreien, beleidigen oder wenden sogar körperliche Gewalt an.

Dies ist der Zeitpunkt, an dem sich durch diesen Entzug auch andere Störungen entwickeln können. Betroffene essen nicht richtig, leiden unter Schlaflosigkeit oder sind ängstlich, das Haus zu verlassen. Es gibt verschiedene Typen von Kaufsüchtigen. Die typischen Schnäppchenjäger kennt jeder, doch gibt es auch Menschen, die sich auf bestimmte Produkte spezialisieren.

Das kann bei Frauen die Schminke sein. Bei Männern könnte es zum Beispiel um Autozubehör oder Werkzeuge gehen. Manche kaufen nur Sonderangebote, andere entwickeln einen regelrechten Sammelwahn und sammeln Teetassen, Briefmarken, alte Flaschen oder Einmachgläser. Jedoch kann auch das komplette Gegenteil der Fall sein. Manche Menschen spezialisieren sich auf bestimmte Marken oder andere Luxusartikel. Wobei einige Betroffene den Preis der Sache nicht beachten, gibt es Kaufsüchtige, welche nur durch den Kauf von teuren Dingen Befriedigung erreichen. Süchtige können sowohl reine Onlineshopper sein als auch nur in den Einkaufsladen gehen. Viele verwickeln die Verkäufer gern in ein Gespräch. Damit wird deutlich, dass dem Süchtigen besonders die Anerkennung von anderen Menschen am Herzen liegt.

In Studien konnte herausgefunden werden, dass die Kaufsucht sich bei den Geschlechtern unterscheidet. Frauen greifen meistens auf Kleidung zurück, Schminke, Schmuck oder andere Accessoires. Männer dagegen kaufen sich meistens teure Dinge wie Handys, Autos, Motorräder oder aber Unterhaltungsprodukte, wie Konsolenspiele und Zeitschriften. Zu Beginn einer Sucht sind die Kaufhandlungen meistens noch an gesellschaftlichen und finanziellen Standards orientiert. Doch mit der Zeit verschwindet diese Orientierung.

Es kann sein, dass Betroffene immer noch sehr sparsam leben, da sie daran gewöhnt sind. Sie kaufen dann halt einfach Gegenstände, welche nur ein paar Euros kosten, sie aber dafür in Massen kaufen können. Diese Personen werden sich nicht mehrere Autos oder teure Kleidung kaufen, sondern eher auf die Masse setzen. Eine persönliche Identifizierung mit dem gekauften Gegenstand ist manchmal sogar sehr wichtig. Betroffene versuchen dadurch, ihre Persönlichkeit herauszubringen, herauszustechen und sich in die Gesellschaft, in die sie gern gehören wollen, einzugliedern. Betroffene wollen meistens eine Person werden, die sie gar nicht sind. Der Wert der Gegenstände für den Süchtigen sinkt jedoch pro Kauf. Das liegt darin begründet, dass die Person einfach keine Befriedigung erlangt.

Folglich kann gesagt werden, dass es eine Vielzahl von Symptomen gibt, welche auf eine Kaufsucht hindeuten. Doch da sie meistens nicht spezifisch sind, wird es den Betroffenen selbst und auch den Angehörigen sehr selten früh genug bewusst, um es selbst in den Griff zu bekommen.

Der Kaufsucht den Kampf ansagen

Die größte Frage, die sich stellt, ist: Wie kann ich gegen die Kaufsucht vorgehen beziehungsweise wie kann ich meinem Angehörigen dabei helfen, von ihr loszukommen? Das Bewusstsein dafür, dass ein Problem besteht, ist der erste Schritt auf den richtigen Weg. Es ist sehr wichtig, die Kaufsucht nicht schambehaftet zu sehen, denn das könnte sie noch schlimmer machen und einer Beseitigung der Sucht im Weg stehen. Machen Sie sich erst einmal bewusst, dass Sie selbst nicht daran schuld sind, an der Sucht erkrankt zu sein, oder dass Ihr Angehöriger absolut nichts dafürkann, dass er in diese Schwierigkeiten geraten ist.

Anfangs sollten vor allen Dingen die sozialen Kontakte des Betroffenen von der Sucht in Kenntnis gesetzt werden. Das hilft dem Betroffenen dabei, sich selbst mit seiner Sucht auseinanderzusetzen, ohne sein Verhalten weiterhin zu verstecken. Betroffene merken meistens schon selbst, dass sie sich nicht allein aus der Sucht befreien können, da sie es selbst schon versucht hatten, jedoch gescheitert sind. Die Betroffenen fühlen sich oftmals machtlos. Diese Macht müssen sie sich langsam wieder erkämpfen. Dafür ist die Unterstützung durch Angehörige sehr wichtig. Betroffene können es auch allein schaffen, aber das macht es viel schwerer.

Um gegen eine Kaufsucht erfolgreich vorzugehen, ist das Erlangen der Einsicht, an einer Sucht erkrankt zu sein, sehr wichtig. Sollten Sie noch nicht die ganze Kontrolle verloren haben, ist es meistens einfacher, gegen eine bestehende Kaufsucht vorzugehen. Eine Kaufsucht kann in mindestens drei Phasen eingeteilt werden. Die erste Phase ist davon gekennzeichnet, dass sich der Betroffene über die neuen Waren sehr freut. Das Kaufen selbst ist dabei nur Nebensache, jedoch nimmt die Freude über den Kauf immer weiter ab. Befriedigung wird meistens nur noch in geringem Maße verspürt. Somit gelangt das Einkaufen selbst immer mehr in den Mittelpunkt. Jetzt macht genau das Kaufen den Betroffenen glücklich.

In der zweiten Phase verliert der Betroffene immer mehr die Kontrolle über sein eigenes Verhalten. Die Käufe werden maßlos und lassen sich auch durch die Grenzen der jeweiligen finanziellen Möglichkeit nicht mehr bremsen. Die dritte Phase kennzeichnet sich dadurch, dass der Betroffene sich in eine ausweglose Situation gebracht hat. Er kann sich sozial isoliert haben, seine finanziellen Möglichkeiten so weit ausgenutzt haben, dass er in Schulden versinkt, oder psychisch so angeschlagen sein, dass es ihm jeden Tag sehr schlecht geht.

Das Problem der Kaufsucht besteht ja gerade darin, dass der Betroffene unter seiner Sucht zu leiden anfängt. Am Anfang leidet er nicht; er genießt jeden Kauf, jedes Shoppen-Gehen und jede Zeit, die er vor dem Computer verbringt, um neue

Dinge zu kaufen. Zudem kann es dazu kommen, dass sich der Betroffene in seinen eigenen vier Wänden nicht mehr wohlfühlt. Dort gibt es viel zu viele Pakete, Gegenstände, Utensilien, die er nie benutzt. Doch zum Wegschmeißen sind die meisten Dinge einfach zu schade. Der Betroffene findet die nötigen Dinge des Lebens in seiner Wohnung nicht wieder, er ist nur dabei, Dinge zu verräumen, und fühlt sich durch die Gegenstände belastet. Angehörige können durch ein ständiges Lügen oder ein widersprüchliches Verhalten auf die Kaufsucht aufmerksam werden.

Kaufsüchtige sind sich meistens bewusst, dass ihr Verhalten falsch ist. Sie leiden unter der Sucht. Es muss vor allem die Einsicht erlangt werden, dass sich der Betroffene Hilfe suchen muss; denn ohne fremde Hilfe ist ein Kampf gegen die Sucht fast unmöglich. Außerdem muss ein Bewusstsein für die Sucht geschaffen werden; welche Ursachen und Symptome bestehen und welche Auswegmöglichkeiten man hat.

Als Angehöriger darf man keinesfalls dem Betroffenen Vorwürfe machen, sein Verhalten schlechtreden oder die Sache nicht ernst nehmen. Psychologische Unterstützung ist sehr wichtig, vor allem, wenn weitere Erkrankungsbilder wie eine Depression oder Selbstmordgedanken hinzukommen. Betroffene müssen oftmals vor sich selbst beschützt werden, damit sie keine Gefahr für sich darstellen, Selbstverletzungen begehen oder gar einen Selbstmordversuch unternehmen. Eine stationäre Behandlung in einer Klinik für Suchtkranke ist zudem eine weitere Möglichkeit. Dies muss jedoch nur in einem sehr extremen Fall erfolgen.

Da eine Kaufsucht erlernt ist und durch die Belohnung des Kaufs verstärkt wird, sollte diesem Drang entgegengewirkt werden. Der Betroffene sollte, wenn möglich, nicht viel Zeit allein verbringen, sondern mit sozialer Interaktion beschäftigt sein. Da viele Betroffene einen Selbsthass entwickelt haben, da sie gegen ihr eigenes Verhalten nicht angekommen sind, tut es oft gut, die Sorgen und Ängste mit anderen Menschen auszutauschen. Es kann oft helfen, mit sozialen Kontakten zu interagieren, über seine Sucht zu sprechen oder auch öffentliche Einrichtungen aufzusuchen, welche Gesprächsrunden anbieten. Da die Betroffenen oftmals das Gefühl haben, dass sie neben sich stehen und den Kauf von außen betrachten, müssen sie mit ihren eigenen Gefühlen wieder besser in Verbindung treten.

Die Betroffenen müssen sich nicht nur ihres Problems bewusst werden, sondern auch dessen Auswirkungen auf sich selbst und auf die Umwelt. Gemeinsam werden wir ihrer Sucht den Kampf ansagen. Zuallererst sollte sich der Betroffene allein oder mit einer ihm nahestehenden Person zusammensetzen und eine Liste erstellen, welche Dinge im Leben wirklich notwendig sind. Dazu gehören beispielsweise Lebensmittel, Utensilien für die Arbeit oder den Haushalt sowie nötige Ersatzteile für das Auto. Der Betroffene sollte sich die Frage stellen, wann er einkaufen gehen möchte und auf welche Weise er es am liebsten macht. Wenn möglich, sollte der Betroffene nicht allein einkaufen gehen. Handelt es sich um Onlineshopping, wäre eine Möglichkeit, das Internet abzustellen und es nur an bestimmten Tagen oder zu bestimmten Tageszeiten einzuschalten. Am besten wäre es, wenn zu dieser Zeit eine andere Person zur Seite stehen würde.

Hilfreich kann es auch sein, eine Liste mit den Gefühlen anzulegen, die den Betroffenen im Laufe des Tages begleiten. Wann kaufe ich ein? Diese

Frage sollte sich jeder Betroffene einmal stellen. Aus welchen Gründen fühle ich mich dazu genötigt, einen Kauf zu begehen? Leide ich unter großem Stress, habe ich einfach nichts anderes zu tun oder bin ich durch mein jetziges Leben so frustriert, dass ich keinen anderen Ausweg sehe? Zudem sollte sich die Frage gestellt werden, ob das Einkaufen einem bestimmten System unterliegt. Kaufe ich nur am Wochenende ein oder auch in der Woche?

Es wäre von Vorteil, eine Liste mit den verschiedenen Punkten zu führen. Alle Auffälligkeiten sollten einmal niedergeschrieben werden. Dies kann auch einen längeren Zeitraum in Anspruch nehmen. Außerdem sollte sich der Betroffene fragen: Was kann ich an meinem Leben ändern, damit es mir auch ohne das ständige Einkaufen besser geht? Welche Zustände der Außenwelt oder meines Innenlebens tun mir nicht gut? Liegt es vielleicht sogar an mehreren oder einer bestimmten Person, dass ich mich jeden Tag schlecht fühle? Liegt es an meiner Arbeitsstelle oder meiner Freizeit? Habe ich zu viel zu tun oder zu wenig? Zu diesen Punkten sollte sich jeder Betroffene einmal Gedanken machen, dadurch erlangt man eine größere Übersicht über das eigene Verhalten und kann sich Gedanken machen, welche Maßnahmen ergriffen werden können, um gegen die Kaufsucht anzukommen.

Zudem sollten einmal die speziellen Folgen der Kaufsucht aufgestellt werden. Das Bewusstsein muss erlangt und auch ein Überblick geschaffen werden, welche finanziellen Einbußen und psychischen Folgen die Kaufsucht für die spezielle Person hatte. Danach kann auch endlich mit einer Änderung des Kaufverhaltens begonnen werden. Dieses Verhalten lässt sich jedoch nur ändern, wenn eine vollständige Einsicht und Durchsicht erreicht wurde. Leider sehen viele Menschen dies nicht als wichtigen Punkt an, doch genau dort sollte erst einmal der Fokus liegen. Mit diesem Bewusstsein können wir mit den richtigen Mitteln gegen die Sucht ankämpfen.

Danach ist es natürlich auch wichtig, sich Hilfe von außen zu suchen. Mit diesen Listen kann man zu Familienangehörigen gehen oder einen Psychologen aufsuchen. Eine Verhaltenstherapie oder eine Selbsthilfegruppe können Hilfe bringen. Bei einer Verhaltenstherapie oder Einzelsitzungen mit einem Psychologen können Maßnahmen besprochen werden, welche der Betroffene als Erstes angehen sollte. Doch auch Selbsthilfegruppen sind eine gute Möglichkeit dafür, gegen die Sucht vorzugehen, indem man sich bewusst wird, dass man nicht der einzige Betroffene ist, sondern es vielen anderen Menschen auch so geht. Dies stärkt einen und bringt uns eher dazu, der Kaufsucht den Kampf anzusagen.

Auch ein Schuldnerberater kann unterstützend zur Seite stehen oder jemand, der die ganzen Rechnungen, die sich angehäuft haben, bezahlt und mit einem bespricht. Wichtig ist es auch, Menschen, mit denen man täglich Kontakt hat, im Großen und Ganzen einzuweihen. Auch, welche Therapie oder Maßnahmen ergriffen werden. Manche Psychologen werden zu Ihnen sagen, dass Sie Medikamente benötigen. In gewissen Fällen kann dies auch von Nutzen sein. Vor allem, wenn die Kaufsucht mit anderen Süchten einhergeht. Doch leider sind dazu die Forschungen noch nicht so weit, dass es ein Medikament gibt, welches die Kaufsucht beseitigen kann. Dabei handelt es sich meistens nur um Antidepressiva oder Mittel, die bei anderen Süchten eingesetzt werden. Das

Augenmerk sollte vor allen Dingen auf einer Verhaltenstherapie sitzen.

Eine Kaufsucht ist im Ganzen sehr gut behandelbar, jedoch kann sie nie komplett geheilt werden. Genau wie bei anderen Süchten, zum Beispiel bei einer Alkohol- oder Drogensucht, kann es zu Rückfällen kommen, wenn man wieder mit den gleichen Auslösern oder Triggern in Berührung kommt. Dies kann ein paar Wochen nach dem Abschluss der Therapie passieren, jedoch auch noch nach Monaten, Jahren oder sogar Jahrzehnten. Durch Schicksalsschläge oder andere einschneidende Wendepunkte des Lebens kann es immer zu einem Rückfall kommen. Doch dann sind Sie schon gestärkt und Sie wissen, was Sie gegen die Kaufsucht machen können, was Sie ändern müssen und Sie wissen, bei wem Sie Hilfe suchen können. Damit müssen Sie dem Leidensdruck nicht so lange standhalten.

Leider ist die biologische oder psychische Neigung, an einer Sucht zu erkranken, für immer vorhanden und wird auch niemals beseitigt sein können, doch mit der richtigen Unterstützung werden Sie es schaffen, Ihre Kaufsucht zu beseitigen.

Kommen wir nun zu den ersten Maßnahmen, welche Sie umsetzen können. Es ist sehr wichtig, dass Sie sich erst einmal einen Überblick verschaffen: über das verfügbare Geld im Monat, über Ihre Schulden und anfallende Rechnungen. Es gibt auch bestimmte Coaches, welche Ihnen bei einem Geldmanagement helfen können. Sollten Sie dies als Problem sehen, scheuen Sie sich nicht, um Hilfe zu bitten. Zudem müssen Sie es schaffen, Ihr Verhalten selbst kontrollieren zu lernen. Die mangelnde Selbstkontrolle ist ein sehr großes Problem bei einer Kaufsucht. Auch der Fokus auf materielle Güter muss beseitigt werden. Sie müssen sich bewusst werden, dass Sie als Person so viel wert sind, dass es egal ist, ob Sie die neuesten Luxusartikel besitzen oder nicht.

Die Personen, denen wirklich etwas an Ihnen liegt oder die Sie lieben, diese werden für immer bei Ihnen sein und Sie nicht allein lassen, wegen Ihrer Persönlichkeit, Ihrem Verhalten, wie lieb Sie mit Ihren Mitmenschen umgehen oder was für Dinge Sie für einen anderen gemacht haben. Ein offener Umgang mit einer Sucht ist sehr wichtig. Sie müssen sich nicht dafür schämen, zum Psychologen zu gehen oder eine Therapiegruppe zu besuchen. Angehörige können Ihnen aktiv bei dem Bekämpfen der Sucht helfen. Bei manchen Therapien gibt es sogar die Möglichkeit, Ihre Angehörigen mitzubringen, damit sie sich ein Bild von der Situation verschaffen können und ihnen eine dritte Person erklären kann, worauf es ankommt. Zudem gibt es Suchtberatungsstellen, welche Ihnen unter die Arme greifen können. Dort gibt es Menschen, welche Kenntnis von der Sucht besitzen und sich lange mit dieser auseinandergesetzt haben.

Eine Möglichkeit ist es, einer verantwortungsbewussten Person die Überwachung über jegliche Bankkarten und Kreditkarten zu geben, beziehungsweise diese sogar abzugeben und jemanden sein Geld verwalten zu lassen. Betroffene können sich von einer Person das Geld, welches sie täglich oder wöchentlich zur Verfügung haben, bar auszahlen lassen. Auf diesen Betrag kann sich geeinigt werden, indem die notwendigen Dinge des Lebens berechnet werden und ein fester Betrag zur Verfügung gestellt wird. Natürlich darf der Betroffene auch einmal ein Eis kaufen oder einen neuen Lippenstift, jedoch in sehr geringem Maße. Damit kann der Betroffene nachhaltig seine

Einstellung zu Geld verändern. Dennoch muss die verantwortliche Person, auch vertrauenswürdig sein und sich nicht durch Bitten und Betteln des Betroffenen beeinflussen lassen. Diese Maßnahme sollte jedoch nicht über einen längeren Zeitraum benutzt werden. Sie dient nur dem ersten Schutz vor sich selbst, damit nicht noch mehr Schulden angehäuft werden oder mehr Schwierigkeiten entstehen.

Auf lange Sicht sollte das Augenmerk darauf gerichtet sein, das Kaufverhalten zu verändern. Betroffene sollten immer mit Respekt behandelt werden. Viele Psychologen empfehlen nach einer gewissen Zeit Konfrontationsübungen. Diese können so aussehen, dass der Betroffene anfangs mit einer vertrauten Person in Kaufhäuser geht. Dazu reicht es auch, das Kaufhaus nur auf der einen Seite zu betreten und auf der anderen Seite direkt wieder hinauszugehen. Diese Zeiten können sich dann langsam verlängern. Hier können am Anfang nur ein paar Sekunden verbracht werden, dann ein paar Minuten und am Ende kann es auf ein bis zwei Stunden ausgeweitet werden. Anfangs wollen Sie vielleicht nur auf einer Bank im Einkaufszentrum sitzen. Danach können Sie auch die einzelnen Geschäfte besuchen und sich die Gegenstände, die es dort zu kaufen gibt, ansehen. Anfangs sollte Sie dazu immer eine vertraute Person begleiten. Doch auf lange Sicht können Sie, wenn Sie es sich schon zutrauen, allein die Kaufhäuser besuchen. Dazu sollten Sie möglichst wenig Geld und keine Bankkarten mit sich führen, um der Versuchung besser widerstehen zu können.

Auch Wege, bei denen Sie oft in Versuchung geraten sind, sollten Sie nicht meiden. Sie können am Markt vorbeigehen oder an den ganzen Werbeanzeigen. Dies dient der Impulskontrolle. Wichtig sind sehr kleine Schritte, damit die kleinen Erfolge gefeiert werden können. Mit jedem kleinen Erfolg werden Sie sich in der Bekämpfung Ihrer Sucht sicherer fühlen. Mit jedem kleinen Schritt, jeder Versuchung, der Sie widerstanden haben, werden Sie einen großen Schritt in die richtige Richtung machen. Der Zwang, etwas kaufen zu wollen, wird somit immer geringer. Ihr Verhalten wird sich dadurch nachhaltig ändern. Es wird so konditioniert, dass das Verlangen nach dem Kauf nicht mehr das Augenmerk ist. Sollte es in dieser Phase jedoch nötig sein, einen größeren Kauf zu machen, beispielsweise geht Ihr Auto kaputt und Sie müssen sich dringend ein Neues kaufen, dann sollten Sie das nicht allein machen. Sie können sich Hilfe, sogar professionelle Hilfe, suchen.

Ihren stärksten Triggerpunkten, welche Sie sich am Anfang der Therapie bewusst gemacht haben, sollten Sie in der ersten Zeit auch nicht allein ausgesetzt werden. Dabei empfiehlt es sich, in Begleitung die Produkte erst einmal anschauen zu gehen. Der Kauf selbst kann dann erst am nächsten Tag oder einige Zeit später verübt werden. Damit kann die Kaufentscheidung überdacht werden und der Körper sowie die Psyche sich darauf einstellen, dass eine wirkliche Notwendigkeit besteht.

Es bietet sich auch an, eine generelle Liste mit Anschaffungen anzulegen, die Sie gern tätigen würden. Hier können Sie sich ein Blatt und einen Stift nehmen und immer, wenn Sie etwas unbedingt kaufen wollen, schreiben Sie es sich auf. Dann legen Sie die Liste wieder weg. Eine Woche später nehmen Sie die Liste hervor. Oftmals hat sich Ihre Sichtweise dann schon geändert. Sie können bestimmte Dinge von der Liste streichen, bei denen Sie erkannt haben, dass Sie sie gar nicht wirklich benötigen. Das, was am Ende, nach einer gewissen Zeit, welche Sie selbst bestimmen können, aufgeschrieben bleibt, das können Sie guten Gewissens kaufen.

Sie könnten sich natürlich auch selbst ein Limit setzen und sich sagen, wenn Sie zwei Dinge gern kaufen würden, dann dürfen Sie nur eines kaufen. Damit setzen Sie sich vielmehr damit auseinander, welches Produkt wirklich nötig ist. Sie können die Pros und Kontras abwägen. Einkaufszettel helfen auch sehr bei Lebensmittelkäufen und anderen Käufen des alltäglichen Lebens. Dazu setzen Sie sich zu Hause hin und schreiben vielleicht sogar mit Ihrer Familie auf, was gekauft werden muss. Wenn Sie nun in den Einkaufsladen gehen, dürfen Sie nur die Dinge kaufen, welche wirklich auf der Liste sind.

Dies hilft oft dabei, Spontankäufen, Schnäppchenkäufen und Sonderangeboten zu entgehen. Zudem könnte, wenn das ein Problem für Sie darstellt, auch die genaue Marke oder der Name des Produkts aufgeschrieben werden. Wenn Sie zum Beispiel gern einen bestimmten Saft trinken, dann sollten Sie hinschreiben „eine Flasche Orangensaft". Damit sind Sie nicht verleitet, zwei oder mehr Flaschen zu kaufen oder von jedem Saft eine Flasche. Für jeden Einkauf sollten Sie ausreichend Zeit einplanen.

Niemals sollten Sie unter Stress einkaufen gehen oder wenn Sie andere Termine im Nacken haben. Den Stress, den Sie früher mit unnötigen Einkäufen kompensiert haben, wollen Sie nicht als Begleiter haben. Zudem dient die ausreichende Zeit auch dem, dass Sie sich bewusst mit der Situation des Einkaufens auseinandersetzen können. Die Gefahr wird somit immer geringer, da Sie merken, dass Sie auch eine längere Zeit oder in Ruhe in einem Einkaufsladen verbringen können, ohne Frustkäufe zu begehen.

Dazu kann es auch hilfreich sein, Yoga oder andere Entspannungstechniken sowie Atemtechniken zu erlernen. Vor jeder Situation, welche für Sie problematisch sein könnte, könnten Sie Übungen ausführen, um Ihren Körper in Ruhe zu versetzen. Sollten Sie während eines Einkaufs merken, dass Sie unruhig werden oder das starke Verlangen verspüren, etwas zu kaufen, dann können Sie diese Übungen gezielt einsetzen, um Ihren Körper wieder zu beruhigen. Vor allem anfangs sollten Sie keine Großeinkäufe machen. Viele kleine Einkäufe, über die Woche verteilt, helfen Ihnen mehr. Große Einkäufe können Sie später wieder vornehmen. Diese lösen anfangs viel zu viel Überforderung aus. Zudem sollten Sie sich bewusst machen, dass unser Markt gesättigt ist. Es ist nicht nötig, Dinge zu horten, vor allem keine Lebensmittel. Sie werden jederzeit genug Lebensmittel und Bedarfsgegenstände kaufen können. Sollte es doch mal zu einer Notsituation kommen, in der Ihnen etwas fehlt, gibt es immer noch die Möglichkeit einen Nachbarn aufzusuchen oder spontan noch einmal einkaufen zu fahren.

Natürlich muss der Betroffene nicht für immer nur wirklich notwendige Dinge einkaufen. Von Zeit zu Zeit ist es natürlich möglich, sich auch etwas zu gönnen. Anfangs sollte dort jedoch ein bestimmtes Maß besprochen werden. So können Sie sich zum Beispiel sagen, dass Sie sich jede zweite Woche bei einem Einkauf etwas Schönes kaufen dürfen. Ziel der Therapie ist es nicht, dass Sie keine materiellen Güter mehr besitzen, sondern dass Sie sich bewusst werden, welche materiellen Güter für Sie wirklich notwendig sind und sich gut anfühlen. Solange die Beweggründe hinter einem Kauf bewusst sind und man sich dieses

Konsumgut auch leisten kann, ist es legitim, den Gegenstand zu kaufen.

In der Therapie können auch Tagebücher eingeführt werden. In diesem Tagebuch, welches Sie an einem offensichtlichen Platz platzieren sollten, kann zum Beispiel eingetragen werden, welches Produkt oder welche Produkte im Laufe des Tages gekauft worden sind. Dazu könnte auch der Preis eingetragen werden. Dadurch wird ein erweitertes Bewusstsein geschaffen. Infrage kommt natürlich auch ein Haushaltstagebuch, wo alle Einnahmen und Ausgaben eingetragen werden. Sollten Sie mit digitalen Medien gut umgehen können, spricht nichts dagegen, diese Tagebücher auch online zu führen. Dort könnten Sie sie sogar auch mit einem vertrauten Menschen teilen, der auch ein Auge auf Ihre Käufe werfen sollte.

Zudem sollte sich der Betroffene die Frage stellen, ob er nur Konsumgüter gekauft hat oder ob das Gleiche auch für Dienstleistungen gilt. Manche Menschen nehmen exzessiv Dienstleistungen in Anspruch. Dazu gehören der Friseurbesuch sowie auswärts zu essen und Unternehmungen. Der Kaufsüchtige sollte sich auch einen Plan zurechtlegen, für den Fall, dass er dem Drang, etwas zu kaufen, kaum widerstehen kann. Dazu bietet es sich an, einen Menschen zu haben, den man zu jeder Tages- und Nachtzeit erreichen kann. Oftmals hilft schon ein Gespräch über die eigenen Gefühle, um dem Verlangen entgegenzuwirken. Zudem können sich Betroffene neue Hobbys suchen. Von Vorteil ist es, wenn diese Hobbys nicht zu Hause ausgeführt werden, sondern Sportgruppen, Malertreff oder Unternehmungen mit anderen Menschen sind. Auch alte Hobbys, welche Sie aufgegeben hatten, bieten sich an, wieder aufgenommen zu werden. Neue Freizeitbeschäftigungen beugen einem tristen Alltag vor.

Sollten Sie jemand sein, der gern online einkaufen war, stellt sich die Frage, ob von Ihnen viele Kundenkonten bestehen. Sollte dies der Fall sein, sollten Sie diese im besten Falle kündigen. Auch Newsletter und andere Mails und Posteingänge sollten verhindert werden. Sie sollten Ihr E-Mail-Postfach aufräumen und an Ihren Briefkasten einen Sticker kleben, damit keine Werbung eingeworfen wird. Zudem sollten Sie jegliche Käufe erschweren. Dazu gehört es auch, Ihre Zahlungsdaten nirgendwo einzuspeichern, Ihre Karte nicht griffbereit zu haben und auch

Ratenzahlungen oder Käufe auf Rechnung sollten vermieden werden. Durch diese Erschwerung dauert der Einkauf länger. Dadurch hat der Betroffene mehr Zeit, um sich über sein Verhalten bewusst zu werden, dieses zu hinterfragen und eventuell den Kauf noch zu verhindern. Sollten Sie auf der Arbeit oder im privaten Bereich viel im Internet unterwegs sein, werden Sie dort natürlich weiterhin durch Werbung gelockt. Diese kann jedoch ganz leicht durch einen Adblocker beseitigt werden und Ihnen so einen Internetzugang ermöglichen, der nicht von ständigen Versuchungen geprägt ist.

Eine weitere Möglichkeit besteht darin, das Bewusstsein, welche Dinge ein Mensch wirklich besitzt, in den Vordergrund zu rücken. So können Sie zum Beispiel Ihren gesamten Hausrat begutachten. Es könnte eine Liste mit allen Dingen erstellt werden, die Sie besitzen – in Ihrer Wohnung, im Keller und auch auf dem Dachboden. Damit wird Ihnen meistens das Ausmaß erst so richtig bewusst und Sie merken, dass Sie eigentlich schon genug zum Leben besitzen. Dadurch kann auch eine gewisse Abschreckung erreicht werden, nicht noch mehr Zeug anzuhäufen. Viele Menschen mögen es unterbewusst überhaupt nicht, von viel zu vielen Reizen und Dingen umgeben zu sein.

Auch das Fernsehen bildet eine bestimmte Gefahr. Die Werbung trifft die Menschen genau dann, wenn sie dafür empfänglich sind. Sie sitzen gemütlich auf der Couch und schauen Ihre Lieblingsserie, doch gleich darauf wird ihnen das neueste Produkt vorgestellt. Sie sind müde, überlastet vom Arbeitstag und wollen einfach nur Ihre Ruhe haben. Damit sind Sie besonders empfänglich für schöne Versprechen von Firmen. Um diesem zu entgehen, können Sie zum Beispiel Ihre Serien online schauen, wo es keine Werbung gibt. Sie könnten die Pausen natürlich auch dafür nutzen, aufzustehen, einen Spaziergang zu machen oder andere Sportübungen zu vollbringen. Dabei können Sie Ihren TV stumm schalten oder einfach auf einen anderen Sender umschalten.

Anfangs sollte vor allen Dingen auf Urlaubsreisen oder große Unternehmungen verzichtet werden. Wer kennt es denn nicht, dass man im Urlaub Andenken für seine Liebsten kaufen möchte oder ein Andenken für sich selbst an den schönen Tag? Doch man sollte sich immer bewusst sein, dass der Moment zählt. Viele Andenken werden in

Schubladen gesteckt und sehen nie wieder das Tageslicht. Dafür ist das ausgegebene Geld viel zu schade.

Wenn Sie vor allem durch Stress eingekauft haben, sollten Sie Ihren Blick vermehrt darauf lenken, dass Sie den Stress gar nicht erst entstehen lassen. Stressige Dinge sollten Sie abschaffen. Eventuell kommt doch ein Arbeitsplatzwechsel in Betracht, falls Ihre Arbeit ein großer Stressfaktor ist. Außerdem könnten Sie sich mit Sport eine Möglichkeit erschaffen, Ihren Stress abzubauen. Damit können Ihre Hormone besser in Ausgleich gebracht werden. Sie müssen mit Ihrem Körper und Ihrem Geist in Einklang kommen. Dafür ist Ihre Wahrnehmung wichtig, wie Sie sich und Ihre Gefühle sehen. Damit kommen Sie wieder in einen bewussten Austausch mit Ihrem körperlichen und seelischen Befinden und können somit Ihre Selbstkontrolle stärken.

Niemals sollte versucht werden, zu stark oder zu aggressiv gegen eine Sucht vorzugehen. Das führt meistens zu einer Linderung der Sucht. Doch nach einiger Zeit kann die Sucht viel stärker zurückkommen oder im schlimmsten Fall kann sich eine andere Sucht entwickeln. Der

Behandlungsplan sollte vor allen Dingen auf eine langfristige Änderung der Ursachen und Probleme gerichtet sein. Leider können wir die meisten Ursachen nicht ändern, denn die Zeit zurückdrehen können wir nicht. Wir müssen lernen, unsere Vergangenheit zu akzeptieren, einzusehen, dass wir das nicht ändern können, und lernen, unser Verhalten selbst in die Hand zu nehmen.

Die größte Frage, die sich der Betroffene stellen muss, ist: Was fehlt mir? Was erhoffe ich mir durch diesen Kauf? Wenn der Betroffene das weiß, kann er andere Wege erarbeiten, um diesem Ziel näherzukommen. Das Ziel der Behandlung ist, wieder mit sich selbst und seinem Leben in Einklang zu kommen.

Gehen wir jetzt genauer auf eine Verhaltenstherapie ein. Bei dieser Therapie lernt der Betroffene, sich selbst zu helfen. Ursachen, Symptome und Behandlungsmöglichkeiten werden dem Betroffenen klargemacht. Zudem werden dem Patienten alle Methoden aufgezeigt, die ihm dabei helfen können, seine Probleme selbst zu beseitigen. Die Selbsthilfe ist ein sehr wichtiger und erfolgreicher Schritt in die richtige Richtung. Dadurch können auch die zugrunde liegenden psychischen Probleme aufgearbeitet werden. Man lernt, sich selbst zu akzeptieren und mit seinen psychischen Gegebenheiten besser umgehen zu können. Auch das innere Kind kann ein Thema in der Therapie sein. Selbstreflexion kann erlernt werden, damit das eigene Verhalten besser verstanden werden kann. Strategien werden entwickelt, um Stress, Frustration und Ärger mit anderen Waffen zu bekämpfen. Patienten lernen, ihre Impulse besser zu kontrollieren. Diese können daraufhin umgelenkt werden, indem man sie auf eine andere Tätigkeit lenkt. Gesunde Wege, sich zu belohnen, werden erlernt und es kann sich mit anderen Betroffenen ausgetauscht werden. Außerdem können Notfallpläne erstellt werden, welche für den Fall bereit liegen, dass der Betroffene droht, rückfällig zu werden.

Vor allem am Anfang der Therapie kommt es meistens zu ein paar Rückfällen. Dies ist jedoch nichts Ungewöhnliches und bedeutet auch nicht, dass Sie die Therapie jetzt abbrechen müssen. Das ist vollkommen normal, solange Sie weiter gegen Ihre Sucht kämpfen, werden Sie den Kampf auch gewinnen. Wie lange so eine Therapie anhält, ist immer individuell. Manche Menschen brauchen die Therapie nur für ein paar Wochen, andere für ein paar Monate. Es gibt jedoch auch Fälle, wo eine ständige Therapie empfohlen wird. Vorher kann leider nie gesagt werden, wie schnell oder stark eine Therapie anschlägt. Sollte man aus dem eigenen sozialen Umfeld keine Unterstützung bekommen, sollte man von einer längeren Dauer der Therapie ausgehen. Menschen, welche schon eine sehr lange Zeit von der Sucht betroffen sind, werden auch mit einem sehr langen Weg rechnen müssen, doch dieser macht sich am Ende bezahlt.

Viele Menschen, welche von einer Kaufsucht betroffen sind, schämen sich am Anfang, weshalb sie ungern Selbsthilfegruppen besuchen. Doch gerade dies ist ein sehr wichtiger Schritt im Kampf gegen die Sucht. Sie können natürlich auch ergänzend zu einer Einzeltherapie beim Psychologen besucht werden. Vor allem dienen sie doch als eine langfristige Maßnahme gegen die Sucht, da sie auch weiterhin in regelmäßigen Abständen ein Leben lang besucht werden können. Dort können Sie Ihre Ängste und Gedanken aussprechen, ohne zu befürchten, dass Sie jemand als schlechter Mensch empfindet. Alle Menschen, die dort sind, sind genauso betroffen. Das macht eine

Selbsthilfegruppe zu einer sehr wichtigen Erfahrung. Durch den Austausch mit anderen Betroffenen gelingt es dem Süchtigen meistens, mit mehr Motivation gegen die Sucht anzukämpfen. Das liegt zum einen darin, dass er den anderen Menschen beweisen möchte, dass er es schaffen kann, der Sucht zu widerstehen, zum anderen profitiert er jedoch auch von den Erfahrungen und dem Wissen der anderen Betroffenen.

Da viele Kaufsüchtige sich beim Beginn der Therapie in einer sozialen Isolierung befinden, kann dies auch den Wiedereinstieg in die Gesellschaft fördern. Selbsthilfegruppen bieten sich jedoch nicht nur an, wenn man der Sucht schon verfallen ist. Sie können auch besucht werden, wenn man Angst hat, in eine Kaufsucht hineinzurutschen. Erfolge können geteilt werden, Geschichten und Trigger ausgetauscht werden und die Betroffenen können sich gegenseitig Mut zu sprechen. Soziale Kontakte werden gefördert. Jedoch sollten auch die durch diese Sucht in Mitleidenschaft gezogenen Kontakte und Freundschaften aus der Vergangenheit wieder aufgebaut werden. Die Sucht sollte niemals das Hauptthema des Tages sein. Es ist nicht gut, sich ständig mit seiner

Sucht auseinanderzusetzen, jedoch sollte sie, vor allem nach dem Überstehen, in gewissen Zeiträumen wieder überdacht werden.

Der
3-Wochen-Plan

DIE ERSTE WOCHE:

Montag:
Setzen Sie sich in Ruhe hin. Schalten Sie jegliche Ablenkung aus. Jetzt holen Sie Papier und Stift hervor. Schreiben Sie einmal auf, welche Käufe Sie an diesem Tag getätigt haben. Wenn möglich, schreiben Sie auch auf, wie viel der jeweilige Gegenstand gekostet hat, und rechnen Sie am Ende alle Beträge zusammen. Machen Sie diese Listen, wenn möglich, auch für die gesamte Woche oder sogar den ganzen Monat. Holen Sie sich eine vertraute Person hinzu. Dieser übergeben Sie die Listen. Lassen Sie sich von der

Person alle nicht lebensnotwendigen Gegenstände markieren. Jetzt gehen Sie die Listen gemeinsam durch und berechnen, wie viel Sie eingespart hätten, hätten Sie nur die lebensnotwendigen Dinge gekauft. Dies gibt Ihnen einen Einblick, wie viel Geld Sie unnötigerweise ausgegeben haben.

Dienstag:

Heute setzen Sie sich hin und beginnen damit, ein paar Entspannungsübungen zu lernen. Schauen Sie sich online Videos an oder lesen Sie sich Sportratgeber durch. Dies können Sie auch gern mit einer oder zwei weiteren Personen machen, denn wir alle wissen, Sport macht zu zweit oder in der Gruppe mehr Spaß. Suchen Sie sich die Übungen aus, welche Ihnen am besten gefallen und leicht im Alltag umsetzbar sind. Üben Sie Atemübungen und führen Sie diese im Laufe der nächsten Wochen regelmäßig aus. Dies setzt Ihren Stresspegel herunter und wird Ihnen helfen, gegen Ihr Verlangen anzukommen.

Mittwoch:

Am nächsten Tag machen Sie sich eine Liste mit allen Rechnungen, welche beglichen werden müssen. Natürlich können Sie heute auch schon mit dem Begleichen anfangen. Sollte Ihnen der Berg an Rechnungen und Schulden über den Kopf wachsen, ist jetzt der richtige Zeitpunkt, einen Angehörigen hinzuzuziehen oder auch professionelle Hilfe zu suchen. Schuldnerberater gibt es in jeder Stadt. Suchen Sie sich den passenden aus. Es schadet auch nicht, eine Liste mit allen Einnahmen und Ausgaben im Monat zu führen. Falls es Ihnen zu schwerfällt, das große Ganze zu sehen, können Sie sich alles in kleine Häppchen einteilen. Sollte es ein Problem darstellen, einen bestimmten Betrag im Monat ausgeben zu können, können Sie sich diesen Betrag auch auf die Tagesanzahl des Monats berechnen. Mit einem kleineren Betrag umzugehen, fällt den meisten viel einfacher.

Donnerstag:
Heute geht es um unser Bewusstsein. Machen Sie sich bewusst, welche Gründe Ihre Kaufsucht hat. Liegen die Ursachen in der Vergangenheit oder in der Gegenwart? Sollten die Ursachen in der Vergangenheit liegen und deshalb nicht beeinflussbar sein, ist es zu empfehlen, einen Psychologen aufzusuchen. Die Wahl des richtigen Psychologen ist

hierbei entscheidend. Scheuen Sie sich nicht davor, schon bei dem Erstkontakt durchs Telefon von Ihrer Sucht zu berichten. Es wird Ihnen viel mehr helfen, wenn sich der jeweilige Psychologe auf dieses Thema spezialisiert oder bereits viele Erfahrungen mit Betroffenen einer Kaufsucht gemacht hat.

Sollten die Probleme eher in der Gegenwart zu finden sein, dann machen Sie sich eine detaillierte Liste der Auslöser. Jetzt setzen Sie sich vor die Liste. Sie können sich natürlich auch ein paar Stunden Pause nehmen. Markieren Sie alle Probleme, welche sich am einfachsten aus der Welt schaffen lassen. Diese können Sie am selben Tag noch angehen. Auch an den nächsten Tagen, können Sie diese Liste überdenken und sich einen Plan machen, wie viele der Probleme Sie pro Tag oder pro Woche angehen wollen.

Freitag:

Gestern haben wir uns bewusst gemacht, welche Auslöser unsere Kaufsucht hat, jedoch müssen wir jetzt noch genauer hinsehen. Welche Gefühle oder Zustände führen uns in den Kaufrausch? Sind wir traurig, wütend oder frustriert? Wir müssen lernen, diese Gefühle umzulenken. Dafür müssen wir uns etwas anderes überlegen. Stellen Sie sich die Frage, was, abgesehen von einem Kauf, Ihnen noch Freude bereitet. Dies kann ein Gespräch mit einer nahestehenden Person sein oder auch ein neues Hobby. Erkundigen Sie sich bei Freunden, Bekannten oder Kollegen, was diese in Ihrer Freizeit machen.

Machen Sie sich bewusst, dass Ihre Gefühle maßgebend dafür sind, wie viel Sie kaufen. Sollte jetzt eines der kritischen Gefühle auftreten, scheuen Sie sich nicht, dieses Gefühl bewusst zu erleben. Sie müssen dennoch erkennen, dass der Kauf dieses Gefühl nicht auf Dauer verändern kann. Sollten Sie dabei Probleme haben, können Sie absprechen, einen Außenstehenden beim Ausbruch eines der Gefühle zu kontaktieren. Durch den Kontakt mit anderen Menschen können wir uns meistens besser regulieren.

Samstag:
Heute nehmen wir uns noch einmal die Liste vom Montag vor. Schauen Sie sich an, was Sie jetzt über Ihre Kauflisten denken, und erstellen Sie vielleicht noch einmal eine Liste für die Tage von

Dienstag bis heute. Sehen Sie schon einen Unterschied? Viele können schon nach diesen paar Tagen besser erkennen, welcher Kauf wirklich sinnvoll ist und welcher nicht. Streichen Sie, falls Ihnen noch mehr auffällt, noch einmal alles von der Liste, was kein notwendiger Kauf war. Auch wenn Sie nur ein bis zwei Dinge weniger gekauft haben oder insgesamt weniger Geld ausgegeben haben, können Sie sehr stolz auf sich sein. Sie sind auf dem richtigen Weg. Bleiben Sie schön dabei und setzen Sie den Plan weiter um.

Sonntag:
Heute machen wir uns unsere Umwelt bewusst. Stellen Sie sich in einen Raum Ihrer Wohnung. Dies sollten Sie ohne jegliche Ablenkung von außen tun. Schalten Sie Fernseher und Handy ab. Jetzt schauen Sie sich in diesem Raum genau um. Erst einmal alle Gegenstände, die draußen herumstehen. Vielleicht machen Sie dazu auch eine Liste. Schauen Sie sich an, welche Gegenstände Sie wirklich täglich nutzen. Stellen Sie sich auch die Frage, welche Gegenstände Sie noch nie benutzt haben oder nur sehr selten nutzen. Dies können Sie auch in den Schränken und Schubladen

ausführen. Falls Sie wollen, können Sie das auch für die anderen Räume Ihrer Wohnung ausführen. Überfordern Sie sich jedoch nicht. Sie können auch pro Tag einen Raum angehen oder nur einen Raum pro Woche. Mit der Zeit werden Sie immer mehr Gegenstände finden, deren Nutzen nicht groß genug dafür ist, diesen Gegenstand auch zu besitzen.

DIE ZWEITE WOCHE:

Montag:

In Bezug auf gestern können Sie diese Vorgehensweise heute auch noch ein wenig weiterführen. Machen Sie eine Liste mit allen Gegenständen, die Sie jeden Tag gebrauchen. Alle anderen Gegenstände packen Sie auf eine separate Liste. Falls Sie es noch wissen, schreiben Sie den Preis der Gegenstände auf und rechnen Sie zusammen, wie viel Geld Sie pro Raum unnötigerweise ausgegeben haben. Dabei kommen sehr schnell horrende Summen zusammen. Lassen Sie sich davon jedoch nicht abschrecken. Ihnen wird jetzt vielleicht bewusst, wie viel Geld Sie ausgegeben haben. Mit diesem Geld hätten Sie Ihre Schulden und

Rechnungen bestimmt locker bezahlen können. Machen Sie sich bewusst, dass, wenn Sie nicht mehr kaufen, Sie in einem relativ kurzen Zeitraum auch wieder aus der Schuldenfalle herauskommen können.

Dienstag:

Heute versuchen wir, ein wenig Ballast loszuwerden. Je nachdem, wo Sie mehr Belastung empfinden, fangen Sie mit der jeweiligen Sache an. Machen Sie eine Liste von allen Dingen, die Sie an diesem Tag erledigen müssen. Dann streichen Sie die Sachen, die Sie auch an eine andere Person abgeben können; sprechen Sie die jeweilige Person darauf an. Streichen Sie zudem alle Dinge von der Liste, die nicht lebensnotwendig sind oder Sie nicht sehr glücklich machen. Damit haben Sie ein bisschen mehr Platz in Ihrem Alltag, um Entspannungsübungen einzubauen oder sich neue Aktivitäten zu suchen, welche Ihnen ein gutes Gefühl geben. Sie könnten jedoch auch damit anfangen, Ihre Wohnung zu entrümpeln. Suchen Sie nach Gegenständen, welche Sie nicht benutzen oder die Sie nicht glücklich machen. Diese können Sie spenden oder verschenken. Damit bereiten Sie einem anderen Menschen eine Freude, ohne neue Dinge zu kaufen.

Mittwoch:

Falls Sie sehr gern mit anderen Menschen in Kontakt treten, wäre jetzt der richtige Zeitpunkt dafür, nach einer Selbsthilfegruppe Ausschau zu halten. Sie haben ein erstes Bewusstsein für Ihre Sucht erlangt und Lösungsansätze gefunden. Somit können Sie jetzt einen neuen Weg beschreiten. Der Kontakt mit anderen Süchtigen ist sehr wichtig, sollte jedoch nicht überhandnehmen. Die Sucht und auch deren Bekämpfung darf niemals das Hauptaugenmerk des Tages sein. Der Kontakt mit anderen Betroffenen kann Ihnen helfen, Ihre Lösungsansätze besser umzusetzen, neue zu finden oder motivierter an die Sache heranzugehen.

Donnerstag:

Sollten Sie in Ihrem Umfeld eine besonders nahestehende Person haben, die Sie sehr gut versteht, dann können Sie diese Person auch sehr gern in Ihre Therapie einbinden und Sie mit zum Psychologen oder der Selbsthilfegruppe nehmen. Dadurch helfen Sie Ihrem Umfeld, die Sucht besser zu verstehen, und sie können Ihnen besser unter die Arme greifen.

Freitag:
Jede Therapie muss auch mit einer gewissen Konfrontation mit dem Suchtmittel geschehen. Gehen Sie allein oder mit einer von Ihnen gewählten Person in die Innenstadt oder über bekannte Wege, welche besonders oft einen Kaufrausch ausgelöst haben. Verbringen Sie dort nur ein paar Sekunden oder spazieren Sie einfach nur mal durch die Halle oder über den Marktplatz. Danach können Sie wieder nach Hause gehen. Damit merkt sich Ihr Gehirn, dass Sie diese Orte auch besuchen können, ohne dem Drang nachgeben zu müssen. Sie können sehr stolz auf sich sein.

Samstag:
Stellen Sie sich ein selbst gewähltes Limit auf. Natürlich sollen Sie nicht für immer auf jedes Konsumgut verzichten. Sie könnten sich zum Beispiel überlegen, dass Sie sich jede Woche etwas leisten dürfen, das nicht unbedingt notwendig ist, Sie aber erfreuen würde. In einem bestimmten Maße ist das auch gar nicht schlimm. Jedoch sollten Sie

am besten auch einen Preis festlegen, den das bestimmte Gut nicht überschreiten darf. Natürlich ist es dann auch möglich, dass Sie sich zwei Wochen lang nichts kaufen, um sich dann in der dritten Woche, mit Ihrem quasi angesparten Kapital, etwas Größeres zu kaufen.

Sonntag:

Heute wollen wir die gesamte Woche Revue passieren lassen. Schauen Sie sich vielleicht noch einmal in Ihrer Wohnung um. Werden Sie sich bewusst, was sich geändert hat. Den Erfolg zu sehen, ist sehr wichtig. Schauen Sie, welche Dinge Sie nicht mehr besitzen und wie viel weniger Dinge Sie gekauft haben. Betrachten Sie Ihre Listen und streichen Sie eventuell noch einmal ein paar Dinge weg, bei denen Sie erkannt haben, dass Sie sie nicht benötigen. Dies können sowohl Aufgaben und Pflichten als auch Käufe und Geschenke sein. Ruhen Sie sich heute einmal aus und machen Sie vielleicht ein paar Entspannungsübungen.

DIE DRITTE WOCHE:

Montag:

Am Montag geht es noch einmal um unsere Gefühle. Stellen Sie sich einmal die Frage, ob sich in Ihrer Gefühlswelt schon etwas geändert hat und ob Sie noch weitere Auslöser ausmachen und ausschalten konnten. Sie werden sich immer besser kennenlernen. Denken Sie daran, sich Ihrer Gefühle immer wieder bewusst zu werden. Scheuen Sie sich nicht davor, über diese Gefühle mit anderen Personen zu reden. Eventuell starten Sie auch ein Tagebuch mit Geschichten und Erlebnissen in Ihrem Alltag. Dieses können Sie dann immer wieder durchlesen, sich anschauen und analysieren, welche Gefühle Sie an diesen Tag hatten und welche Käufe Sie deswegen getätigt haben. Das hilft Ihnen noch mehr dabei, sich selbst zu verstehen.

Dienstag:

Heute geht es noch einmal um die Symptome der Kaufsucht. Welche Symptome konnten Sie im Laufe der Zeit bei sich feststellen? Wenn das Verlangen zu groß wird, kommen neben den psychischen Faktoren auch körperliche Symptome hinzu? Wenn ja, machen Sie eine detaillierte Liste mit allen Symptomen, die einmal aufgetreten sind. Somit können Sie sich im Laufe der Zeit bewusst werden, ob die Symptome weniger werden und in welchen Situationen Sie am schlimmsten auftreten. Eine Erkenntnis darüber zu erlangen, ist sehr wichtig, um dem Verlangen zu widerstehen.

Mittwoch:

Am Mittwoch geht es noch einmal um Schulden und Rechnungen. Schauen Sie sich bei Bedarf noch einmal alle Unterlagen dazu an. Konnten Sie schon Erfolge erzielen und Rechnungen und Schulden begleichen? Führen Sie vielleicht ein Haushaltsbuch ein, in das Sie jede kleine Einnahme und Ausgabe schreiben. Dabei können Ihnen auch Ihre Familienangehörigen und andere Mitbewohner des Haushaltes helfen. Damit erlangen Sie einen sehr großen Überblick über den gegenwärtigen Zustand Ihrer Finanzen. Stellen Sie sich die Frage, ob Sie in den letzten Tagen und Wochen neue Schulden angehäuft haben oder ob Sie schon sehr viele positive Effekte erkennen können. Bleiben Sie dran! Wir werden es schaffen, Ihre Finanzen wieder ins Positive zu bringen.

Manche können dieses natürlich auch an eine andere Person abgeben. Vor allen Dingen am Anfang bietet sich das an. Sie haben mit dem Kampf gegen Ihre Sucht schon genug zu tun. Passen Sie auf, dass Sie sich nicht zu viele Aufgaben stellen. Es ist wichtig, immer einen Schritt nach dem anderen zu gehen und sich nie zu überfordern. Langsam können Sie dann je nach Ihren Kapazitäten immer mehr Aufgaben übernehmen.

Donnerstag:
Heute wollen wir noch einmal eine Großübersicht machen, inwieweit sich Ihr Verhalten schon geändert hat. Holen Sie alle Zettel vom Anfang heraus und vergleichen Sie sie mit den Listen, die Sie heutzutage führen. Bestimmt erkennen Sie schon einen großen Unterschied in Ihrem Kaufverhalten. Vergleichen Sie, wie viel Geld Sie weniger ausgegeben haben, wie viel weniger Produkte und Dienstleistungen Sie konsumiert haben.

Freitag:
Der regelmäßige Besuch von Psychologen, Selbsthilfegruppe oder anderen Vereinigungen ist beim Bekämpfen Ihrer Kaufsucht sehr wichtig. Machen

Sie sich gern auch einmal eine Liste mit Fragen, Geschichten oder Gefühlen, welche Sie in der nächsten Sitzung ansprechen wollen. Diese können Sie dann die ganze Woche über ausfüllen und vergessen somit nicht, was Ihnen wichtig ist.

Samstag:
Heute wollen wir uns noch einmal direkt mit der Sucht auseinandersetzen. Dazu können Sie sich wieder bestimmten Triggern aussetzen. Dieses Mal schon ein bisschen länger als beim letzten Mal. Wie viel mehr Zeit Sie nutzen wollen, können Sie nach Ihrem eigenen Befinden bestimmen. Sie müssen keine großen Sprünge pro Woche machen. Es reicht, wenn Sie jede Woche ein paar Sekunden oder Minuten mehr dem Drang widerstehen, etwas kaufen zu gehen. Wichtig ist ein Erfolgserlebnis, keine großen Sprünge. Sollten Sie eher der Typ für Onlineshopping sein, können Sie sich zum Beispiel bewusst, am besten mit einer anderen Person zusammen, vor den Fernseher setzen und sich einmal die Werbung anschauen. Vielleicht erkennen Sie ja schon selbst, was der Werbetreibende mit seiner Werbung bezwecken möchte. Zudem können Sie auf von Ihnen oft

frequentierten Shoppingseiten Produkte anschauen und Gründe aufschreiben, wieso genau Sie dieses Produkt nicht unbedingt benötigen.

Sonntag:

Heute ist der letzte Tag unseres Wochenplans. Holen Sie noch einmal alle Listen hervor und denken Sie über Ihre Fortschritte nach. Sie werden sehen, dass Sie schon sehr weit gekommen sind. Seien Sie stolz auf sich selbst. Sie können die Schritte natürlich immer so oft wiederholen, wie Sie möchten. Achten Sie gut auf sich. Sowohl auf Ihr körperliches als auch auf Ihr seelisches Wohlbefinden. Überanstrengen Sie sich nicht im Alltag und auch nicht dabei, Ihre Sucht zu bekämpfen. Lesen Sie den Ratgeber erneut, falls es nötig sein sollte, und suchen Sie sich genügend Hilfe und Unterstützung von außen.

Viel Erfolg!

Ich freue mich sehr, dass Sie diesen Ratgeber gelesen haben, und hoffe, er konnte Ihnen dabei helfen, den richtigen Weg zu finden, um von Ihrer Kaufsucht loszukommen. Scheuen Sie sich nicht davor, den Ratgeber öfter zu lesen oder den Wochenplan in kleinere Teile einzuteilen. Jeder Mensch hat eine eigene Kapazität dafür, wie viel er sich zumuten kann. Schätzen Sie Ihre Kapazität richtig ein oder lassen Sie sich dabei von einem anderen Menschen helfen. Ich hoffe, dass Sie bald von Ihrer Kaufsucht loskommen und wieder ein glückliches Leben ohne ein zwanghaftes

Verhalten leben können. Ich wünsche Ihnen nur das Beste für die Zukunft!

Herstellung und Verlag:

BoD – Books on Demand, Norderstedt

ISBN: 9783756223725

© Luise van Horn 2022

1. Auflage

Kontakt: Psiana eCom UG/ Berumer Str. 44/ 26844 Jemgum

Covergestaltung: Fenna Larsson

Coverfoto: depositphotos.com